本书受国家自然科学基金项目（批准号：71773106）和浙江省新型重点专业智库"中国政府监管与公共政策研究院"的资助

基础设施PPP项目

高质量发展与监管政策研究

王 岭◎著

中国财经出版传媒集团

经济科学出版社

Economic Science Press

图书在版编目（CIP）数据

基础设施 PPP 项目高质量发展与监管政策研究/王岭
著 . --北京：经济科学出版社，2023.4
ISBN 978 - 7 - 5218 - 4323 - 1

Ⅰ. ①基⋯　Ⅱ. ①王⋯　Ⅲ. ①基础设施建设-政府投
资-合作-社会资本-研究-中国　Ⅳ. ①F299. 24

中国版本图书馆 CIP 数据核字（2022）第 218039 号

责任编辑：王柳松
责任校对：易　超
责任印制：邱　天

基础设施 PPP 项目高质量发展与监管政策研究

王　岭　著

经济科学出版社出版、发行　新华书店经销
社址：北京市海淀区阜成路甲 28 号　邮编：100142
总编部电话：010-88191217　发行部电话：010-88191522
网址：www. esp. com. cn
电子邮箱：esp_bi@ 163. com
天猫网店：经济科学出版社旗舰店
网址：http://jjkxcbs. tmall. com
固安华明印业有限公司印装
710 × 1000　16 开　12. 25 印张　190000 字
2023 年 4 月第 1 版　2023 年 4 月第 1 次印刷
ISBN 978 - 7 - 5218 - 4323 - 1　定价：59. 00 元
（图书出现印装问题，本社负责调换。电话：010 - 88191545）
（版权所有　侵权必究　打击盗版　举报热线：010 - 88191661
QQ：2242791300　营销中心电话：010 - 88191537
电子邮箱：dbts@ esp. com. cn）

前　言

推行政府和社会资本合作（PPP）是加快公共产品和公共服务供给侧结构性改革，化解地方政府债务风险以及推进新型城镇化建设的一项重要举措。基础设施具有投资额大、投资回收期长、资产专用性强等技术经济特征，在新型城镇化和社会经济发展过程中具有基础性作用。基础设施 PPP 项目是缓解地方政府压力，提高基础设施产品或服务供给效率的重要方式，对提升基础设施治理能力具有重要的推动作用。

2013 年以来，一系列 PPP 政策推动了基础设施 PPP 项目的快速发展，但在一定程度上也出现了保底服务量、递减阶梯供给价格、政府到期回购、固定回报或变相固定回报、借道融资、明股实债、缺乏运营环节、合作与风险共担机制虚化等问题。在中国基础设施 PPP 项目高质量发展的背景下，需要结合建设全国统一大市场、强化竞争政策的基础性地位、公平竞争审查和政府监管的数字化转型等新趋势，深入研究基础设施 PPP 项目高质量发展与监管政策。适应基础设施高质量发展的要求，需要从项目落地及市场化改革两个维度推进基础设施高质量发展，重构政府监管体制机制，将对基础设施 PPP 项目的监管由行业监管转向反垄断监管，建立与数字经济时代相适应的数智化监管体系。显然，上述问题成为推进中国基础设施高质量发展的重要理论课题与现实课题。

本书紧紧围绕中国基础设施高质量发展的主题，力求从政府监管转型的视角出发，分析基础设施 PPP 项目高质量发展的需求、财政负担对基础设施 PPP 项目落地的影响、市场化改革与基础设施 PPP 项目高质量发展、反垄断监管与基础设施 PPP 项目高质量发展、数智化监管与基础设施 PPP 项目高质量发展五个问题，并努力在以下五个方面有所创新。

第一，构建基础设施政府和社会资本合作项目高质量发展的理论框架。推动基础设施高质量发展，重点是由重视数量向重视质量转变。核心问题是如何激发基础设施 PPP 项目运作主体的有效投资，如何提升基础设施 PPP 项目落地的质量与速度，如何规范基础设施 PPP 项目协议的整体框架内容，如何构建基础设施 PPP 项目的新型监管体制机制。基础设施 PPP 项目在从行业监管转向反垄断监管以及数字经济时代助推政府监管转型的背景下，深入推进基础设施 PPP 项目的反垄断监管，营造公平竞争的市场环境，以竞争推动基础设施 PPP 项目的高质量发展，已经成为基础设施 PPP 项目政府监管转型的一个重要特征。同时，建立与数字经济时代相适应的现代政府监管体系，传统政府监管方式向数智化监管转型，成为推动基础设施 PPP 项目高质量监管的关键。本书提出反垄断监管与数智化监管两大助推中国基础设施 PPP 项目高质量发展的监管路径，丰富了基础设施政府监管理论体系，也为政府监管部门优化政府监管政策体系提供了决策支持。

第二，剖析财政负担在基础设施 PPP 项目落地中的制约作用。地方政府财政负担显著降低了基础设施 PPP 项目的落地率并呈现出一定的区域异质性，财政负担对中国西部地区基础设施 PPP 项目落地具有显著的抑制作用，但对东部地区和中部地区的影响并不显著；城市基础设施发展水平越低的地区，财政负担越重，基础设施 PPP 项目的落地率越低；距离专业咨询机构越远的地区，提高专业咨询机构的服务水平越有助于降低基础设施 PPP 项目落地难的风险。因此，需要构建与财政能力相适应的基础设施 PPP 项目推进机制，形成与存量水平相匹配的基础设施 PPP 项目增量机制，建立专业咨询机构全流程参与的基础设施 PPP 项目机制。

第三，探索市场化改革助推基础设施高质量发展的政策路径。推进基础设施 PPP 项目高质量发展，需要营造公平竞争的市场环境，不断扩大基础设施市场化改革的广度和深度，提升基础设施市场化改革质量。深化基础设施市场化改革，需要平衡产业政策和竞争政策之间的关系，强化竞争政策的基础性地位，不断深化业务拆分重组改革，推进基础设施价格市场化改革，推动基础设施数智化监管改革。其中，城市供水行业市场化改革，需要搭建平台与优化算法推进城市供水数智化决策，形成与竞争政策相适应的城市供水政策组合，推进城市供水价格动态调整并形成激励性价格。城市污水处理行业市场化改革，需要强化污水处理 PPP 项目准入阶段的竞争，优化污水处理 PPP 项目的特许经营协议，加强污水处理 PPP 项目的反垄断监管。管道燃气行业市场化改革，需要健全城市燃气价格调整机制，优化燃气设施安全保障机制，提高城市燃气企业全产业链效率。集中供热行业市场化改革，需要加强对资本炒作煤炭价格的监管，强化对集中供热项目的反垄断监管，构建集中供热节能降耗机制。轨道交通行业市场化改革，需要坚持公共交通导向的发展模式，推进城市轨道交通网络化建设，打造城市轨道交通智能化系统，强化城市轨道交通反垄断监管。

第四，提出基础设施 PPP 项目高质量发展的反垄断监管政策思路。在强化竞争政策的基础性地位，深化基础设施市场化改革，建立健全公平竞争审查制度的背景下，反垄断监管政策将助力基础设施 PPP 项目的高质量发展。在基础设施行业市场结构从完全垄断向竞争过渡的过程中，行业监管制度和反垄断监管制度优势互补、事前监管和事后监管具有明显的相互依存性，应当进一步完善行业监管和反垄断监管的有效协调模式，充分发挥两类机构的监管优势，深化并扩大基础设施市场化改革成果。为推进基础设施 PPP 项目的高质量发展，需要完善基础设施反垄断监管法规制度，创新基础设施反垄断执法监管机制，强化对基础设施领域的反垄断监管，健全基础设施的公平竞争审查机制，建立基础设施反垄断执法评估制度。

第五，明确基础设施 PPP 项目高质量发展的数智化监管转型政策体系。数智化监管是指，运用大数据、人工智能、区块链、云计算、边缘计算等数字技术推进政府监管智慧化，从而更好地适应政府监管效能提升和政府监管现代化的要求。目前，基础设施 PPP 项目政府监管缺少全面、准确的基础数据和有效的数据更新机制，缺少数据、决策、预警、监测一站式政府监管数智化平台，缺少支撑全产业链智慧决策的算法算力迭代机制。其中，整体治理思维、数据共享质量、数据共享安全和数字技术应用，是影响基础设施 PPP 项目数智化监管转型的重要因素。因此，为推进数智化监管下基础设施 PPP 项目的高质量发展，需要推动基础设施 PPP 项目政府监管的思维转型、载体转型、机制转型、监督转型和评价转型。形成基础设施 PPP 项目整体治理下的数据思维、协同思维、平台思维、智慧思维和动态思维，建成"架构清晰、层次分明、权责明确、协同监管"的"一网通办""一网统管""一网协同"的数字化政府监管平台，形成全流程、跨部门、跨层级和跨领域的协同监管机制，从依赖线下监督为主的传统模式转向借助数字化手段实现对政府监管主体的全流程监督模式，依靠数字化平台实现从结果导向型评价向"数字＋监管"的过程监测评价与结果综合评价转型。

本书是国家自然科学基金面上项目"公用事业'伪 PPP'项目量化甄别、形成机理与监管控制研究"（项目编号：71773106）的研究成果，由浙江省新型重点专业智库——"中国政府监管与公共政策研究院"资助。在课题研究过程中，恰逢中国基础设施 PPP 项目处于快速发展阶段，这为本书的最终完成提供了重要的现实资料。本书有助于为中国基础设施政府和社会资本合作项目高质量发展以及监管政策设计提供理论支撑和决策参考。

无论在理论上还是实践上，关于中国基础设施 PPP 项目高质量发展和监管政策都有大量课题需要认真研究和探索，本书的内容只是沧海一粟。随着中国基础设施 PPP 项目的快速发展，在基础设施 PPP 项目高质量发展和监管政策领域，将会涌现出越来越多引起学者兴趣的研究课题，有待进一步研究。尽管笔者已尽最大努力，仍难免存在一些问题甚至错误，敬请专家学者批评指正！

王　岭

2022 年 9 月于杭州

目　　录

第一章 基础设施 PPP 项目 高质量发展的需求分析

基础设施是经济社会发展的重要支撑，要统筹发展和安全，优化基础设施布局、结构、功能和发展模式，构建现代化基础设施体系，为全面建设社会主义现代化国家打下坚实基础。[①] 推进政府和社会资本合作项目高质量发展，是加快公共产品和服务供给侧结构性改革、发挥市场在资源配置中的决定性作用、防范地方政府债务风险及促进新型城镇化建设的重要举措，也是经济下行压力下"稳增长、调结构"的重要方式。本章主要对基础设施与政府和社会资本合作（public private partnerships，PPP）的相关概念进行界定，明确基础设施的主要特征和基本分类，厘清高质量发展的基本内涵和动力保障，分析高质量发展下基础设施政府和社会资本合作项目的关键问题，提出基础设施高质量发展与政府和社会资本合作模式的选择方向，建立基础设施政府和社会资本合作项目高质量发展与监管政策的理论框架。

第一节 相关概念界定与基础设施特征及其分类

厘清基础设施与政府和社会资本合作的内涵、基础设施的主要特征及其基本分类，是进行基础设施政府和社会资本合作项目高质量发展与监管

---

① 《中央财经委员会第十一次会议研究全面加强基础设施建设问题》，http://news. sohu. com/a/541757135_ 121118716。

政策研究的重要前提。本节主要对上述三个问题进行研究，具体如下。

一、基础设施与政府和社会资本合作的内涵

（一）基础设施

基础设施（infrastructure）最早用于土木工程专业，主要指建筑物的底部结构。钱家骏和毛立本（1981）将基础结构概念引入国内经济理论界，这是基础设施概念的雏形，认为基础设施是指，向社会上所有商品生产部门提供基本服务的部门，有狭义和广义之分。其中，狭义的基础设施专指，具有有形资产的部门，即运输、动力、通信、供水等部门。广义的基础设施还包括，教育、科研、卫生等部门。该文献指出，基础设施各部门有四个共同特征：一是各部门均为现代经济活动的基础；二是各部门的建设周期较长；三是各部门对经济发展的贡献大，但难以准确计算具体贡献份额；四是各部门必须依靠国内资源而非进口资源来建设。樊纲（1990）将基础工业和经济基础设施统称为经济的基础部门，并将基础部门与加工工业部门之间的比例称为经济的基础结构。其中，基础部门包括能源、交通、基本原材料等生产性部门以及通信、给排水等其他经济基础设施。这些基础部门具有三个共同特征：一是都属于生产原材料或生产性服务的上游部门；二是建设周期都较长；三是在生产力形成时，所需投资量都大。

世界银行发布的《1994 年世界发展报告》（*World Development Report* 1994）将基础设施分为经济性基础设施和社会性基础设施两类。其中，经济性基础设施可以理解为狭义的基础设施，包括公共设施（电力、电信、自来水、管道煤气、卫生设施与排污、固体废弃物的收集与处理）、公共工程（公路、大坝、灌渠）和其他交通部门（铁路、城市交通、港口、水运、机场）；社会性基础设施，包括文教和医疗保健。这是目前较为权威的分类，1994 年之后关于基础设施的研究大多是基于此分类开展的。

由此可见，传统基础设施包括城市公用事业基础设施和城市公共生活服务基础设施两类。其中，城市公用事业基础设施包括城市供水、污水处理、垃圾处理、城市供热、电力、电信、园林绿化、管道燃气等。城市公共生活服务基础设施包括文化教育、商业服务、科研与技术服务、卫生事业等。2018 年 12 月，中央经济工作会议提出加快 5G 商用步伐，加强人工智能、工业互联网、物联网等新型基础设施建设，[①] 新型基础设施的概念提出。新型基础设施主要包括 5G 及相关电子信息领域配套设施、传统基础设施的信息智能改造、新能源新材料及其应用领域配套设施、无人化配套设施以及高新技术产业园区。本书研究基础设施政府和社会资本合作问题，这里的基础设施主要指，城市公用事业基础设施。其中，从收益可获得性角度来看，城市公用事业基础设施是政府和社会资本合作项目的重要来源。

（二）政府和社会资本合作

2014 年国家发展和改革委员会出台的《关于开展政府和社会资本合作的指导意见》指出，政府和社会资本合作模式是指，政府为增强公共产品和服务供给能力、提高供给效率，通过特许经营、购买服务、股权合作等方式，与社会资本建立的利益共享、风险分担及长期合作关系。[②] 开展政府和社会资本合作，有利于创新投融资机制，拓宽社会资本投资渠道，增强经济增长内生动力；有利于推动各类资本相互融合、优势互补，促进投资主体多元化，发展混合所有制经济；有利于理顺政府与市场关系，加快政府职能转变，充分发挥市场在资源配置中的决定性作用。[③] 政府和社会资本合作模式是与传统政府提供模式相对应的一种替代性的基础设施和新型公共资源供给方式。政府和社会

---

① 《中央经济工作会议举行　习近平李克强作重要讲话》，http://www.gov.cn/xinwen/2018-12/21/content_5350934.htm。

② 《关于开展政府和社会资本合作的指导意见》，2014 年 12 月 2 日，https://www.ndrc.gov.cn/fggz/gdzctz/tzfg/201412/t20141204_1197597.html?state=123。

③ 《国家发展改革委关于开展政府和社会资本合作的指导意见》，2014 年 12 月 2 日，http://www.gov.cn/zhengce/2016-05/22/content_5075602.htm。

资本合作模式致力于在公共部门和私人部门之间，通过风险分担机制和履约机制，提高公共产品及公共服务的运行效果。政府和社会资本合作模式，能够在一定程度上弥补单独依靠公共部门或私人部门的不足。政府和社会资本合作项目的参与主体，有政府、社会资本、金融机构以及建设单位、运营公司、材料供应商、咨询机构、律师事务所等其他参与主体。

政府和社会资本合作模式，适用于政府有提供责任并具有公共属性、适宜市场化运作、投资规模相对较大、需求长期稳定、收费机制相对透明、价格调整机制相对灵活、风险能够分担的基础设施项目。管道燃气、电力、城市供水、城市供热、污水处理、垃圾处理等市政设施，公路、铁路、机场、城市轨道交通等交通设施，医疗、旅游、教育培训、健康养老等公共服务项目，以及水利、资源环境和生态保护等项目均可推行政府和社会资本合作。各地新建市政工程以及新型城镇化试点项目，应优先考虑采用政府和社会资本合作模式建设。

从实践来看，基础设施政府和社会资本合作项目涉及五种不同的投资回报机制，即政府付费机制、使用者付费机制、政府付费＋可行性缺口补贴机制、政府付费＋使用者付费机制、政府付费＋使用者付费＋可行性缺口补贴机制。同时，面临着缺乏经营性（准经营性）的基础设施项目是否适合政府和社会资本合作、政府授权事业单位或国有企业能否作为基础设施政府和社会资本合作项目的实施主体、国有企业或城市建设投资公司等投资平台能否代表政府进行投资、国有企业或政府平台公司能否作为基础设施政府和社会资本合作项目的运营主体、政府和社会资本合作是否为基础设施的融资工具、基础设施政府和社会资本合作项目的工程建设是否需要招投标等问题。因此，需要深入理解基础设施政府和社会资本合作项目的基本内涵，不断推进项目高质量发展。

二、基础设施的主要特征

基础设施涉及多个行业，不同行业的技术经济特征既有区别又有联系。因此，需要界定基础设施的基本特征，为分析当前基础设施发展过程中存在的主要问题，建立基础设施高质量发展的政策体系提供基础。

（一）基础性

基础设施的基础性作用主要表现在两个方面：第一，基础设施所提供的产品和服务，是居民生产和生活的必需品。基础设施不仅为企业生产提供所需的水、气、热等基本生产资源，也为居民生活提供城市自来水、管道燃气、城市供热以及公共交通等基础性产品或服务；第二，基础设施提供的产品或服务，具有初始投入属性。基础设施所提供的产品或服务为其他企业进行简单再生产和创造性再生产提供了基础性材料，作为投入要素和生产成本进入企业成本核算体系。相对于其他行业而言，基础设施的基础性特征决定了发展基础设施建设和运营能力的优先性。因此，在推动中国经济高质量发展的背景下，需要重视基础设施的发展规模和发展质量。

（二）自然垄断性

多数基础设施具有物理网络环节，从经济特征来看，具有典型的自然垄断性。如城市供水与污水处理、管道燃气、城市供热等行业具有典型的物理网络属性，跨区域敷设物理网络基础设施或者在同一区域范围内敷设两套或多套物理网络基础设施，将会大大增加基础设施的建设成本。因此，从经济上来看，基础设施所提供的产品或服务具有典型的规模经济性。此外，多数基础设施具有投资数额大、投资回报周期长、资产专用性强、沉淀成本高以及规模经济显著等特征，这决定了在特定区域范围内需要由单一企业提供某种基础设施的产品或服务，避免重复建设或恶性竞争。

（三）外部性

基础设施发展具有较强的外溢性，是典型的正外部性行业。与此同时，城市供水行业的水质危机、水网爆裂，城市燃气行业的管道爆炸，城市垃圾处理行业的污染物排放与处理不到位等，都对企业生产和居民生活带来一定影响甚至危害社会安全，具有一定负外部性。由此可见，基础设施是具有典型的正外部性和负外部性的行业。从经济理论来看，如何激励社会资本进入，推动基础设施 PPP 项目投资，如何规避基础设施 PPP 项目"落地难"的风险，是推动基础设施 PPP 项目高质量发展的基本前提。因此，本书将重点分析基础设施 PPP 项目投资和"落地难"的制约因素，从市场化、反垄断、数智化监管等政策出发，建立中国基础设施 PPP 项目高质量发展的监管政策体系。

三、基础设施的基本分类

基础设施的技术经济特征，决定其具有不同的分类方式。因此，本节将基于网络型基础设施、非网络型基础设施的技术特征以及经营性、准经营性和非经营性经济特征对基础设施进行分类。

（一）基于网络型（非网络型）基础设施分类

按照是否涉及物理网络环节，可将基础设施分成网络型基础设施和非网络型基础设施。

1. 网络型基础设施

网络型基础设施是指，必须经过物理网络输送才能进行生产和生活的基础设施，主要包括电力、电信、铁路、城市供水、污水处理、管道燃气和城市供热等。网络型基础设施往往具有投资数额较大、产品定价或服务定价需要进行政府监管等特征。其中，网络型基础设施（供水、污水处理、管道燃气和城市供热）是基础设施政府和社会资本合作项目的重要领域。网络型基础设施具有典型的自然垄断特征，通过市场竞争和吸引社会资本进入等方式推进网络型基础设施高质量发展，成为一项重要的研究课题。网络型基础设施的非营利属性，决定了网络型基础设施需要与非网络型（或竞争性）基础设施进行组合，才能运作 PPP 项目。如，城市供水管网与供水厂组合进行政府和社会资本合作，通过收取水费回补城市供水管网的建设成本以及运维成本。

按照 PPP 项目运作期内网络型基础设施的产权归属不同，可将网络型基础设施分成 PPP 项目运作期内有限产权模式和无产权模式。其中，有限产权模式的网络型基础设施是指，PPP 项目运作主体享有网络型基础设施的所有权、使用权和收益权，但缺少对网络型基础设施的处分权。而无产权模式是指，PPP 项目运作期内对网络型基础设施资产不具有占有、使用、收益和处分的权利。PPP 项目运作期内是否拥有有限产权，则决定了基础设施 PPP 项目的模式选择、期限确定、竞标机制设计以及监管政策制定等内容。

2. 非网络型基础设施

非网络型基础设施是指，无须依赖物理网络运输产品或提供服务的基础设施，如，垃圾处理行业的清扫环节和运输环节等。与网络型基础设施相比，非网络型基础设施不涉及物理网络环节建设以及产权转让问题，因此，非网络型基础设施投资数额往往较少，沉淀成本较低，更易于通过政府和社会资本合作模式进行市场化。非网络型基础设施，主要包括园林绿化、道路与河道养护、道路照明以及垃圾清扫、收集与处理等行业。该类基础设施具有典型的公共品属性，难以通过"谁消费，谁付费"的原则建立有效的收费机制，难以通过向企业收费或居民收费来弥补成本并获得合理收益。因此，对非网络型基础设施而言，市场化方向是政府购买公共服务，通过政府付费或可行性缺口补贴方式解决非网络型基础设施的供给问题。此外，非网络型基础设施，还具有较强的外溢性特征，在城市建设和居民生活品质提升过程中发挥着基础性作用。

（二）基于经济属性分类

按照经济属性的不同，可将基础设施 PPP 项目分成经营性基础设施 PPP 项目、准经营性基础设施 PPP 项目和非经营性基础设施 PPP 项目。其中，经营性基础设施 PPP 项目具有可经营属性，可以通过向使用者收费的方式弥补生产建设成本和运营成本并获得合理收益。准经营性基础设施 PPP 项目是指，具有公益属性，在政府价格监管下，通过收费无法弥补生产建设成本和运营成本，需要政府对其进行财政补贴或通过政策优惠才能维持正常运营的项目。准经营性基础设施 PPP 项目，主要包括竞争性基础设施项目和竞争性公益性项目。竞争性基础设施项目，如能源工业（电力、石油）、部分公用事业（自来水、污水处理和垃圾处理、公共交通、管道燃气等）以及部分交通运输业（高速公路、航运）等；竞争性公益项目，如科研开发与应用研究、成人教育和职业教育（私立学校）、艺术表演团体、医疗器械等领域。该类项目虽然能够回收部分投资、保本经营或微利经营，但具有建设周期长、投资大、风险大、回收期长或者垄断性等特点，仅靠市场机制难以达到供求平衡，需要政府通过控股方式或参股方式参与投资经营。非经营性基础设施 PPP 项目是指，旨在实现社会目标和环境目标，为社会公众提供产品或服务的非营利性投资项目，包括社会公益事业项目（如教育项目、医疗卫生保健项目）、环境保护与环境污染治理项目、某些公用基础设施项目（如城市绿地和市政道路项目）等。这些项目的经济特点是，为社会提供服务及使用不收费用或少收费用。因此，主要由政府财政通过政府运营、政府购买公共服务或委托运营方式提供公共产品或公共服务。

第二节 高质量发展的基本内涵与发展动力保障

高质量发展是"十四五"时期乃至未来较长时间内中国经济社会发展的核心议题。基础设施需要践行高质量发展理念，为中国经济高质量、可持续发展提供动力保障。因此，本节将对高质量发展的基本内涵、模式转变和动力保障三个问题进行分析。

一、高质量发展的基本内涵

党的十九大报告提出，我国经济已由高速增长阶段转向高质量发展阶段，正处在转变发展方式、优化经济结构、转换增长动力的攻关期，建设现代化经济体系是跨越关口的迫切要求和我国发展的战略目标。必须坚持质量第一、效益优先，以供给侧结构性改革为主线，推动经济发展质量变革、效率变革、动力变革，提高全要素生产率，着力加快建设实体经济、科技创新、现代金融、人力资源协同发展的产业体系，着力构建市场机制有效、微观主体有活力、宏观调控有度的经济体制，不断增强我国经济创新力和竞争力。[①]

在《习近平谈治国理政》第三卷的《推动经济高质量发展》一文中，阐释了高质量发展的丰富内涵，即"高质量发展，就是能够很好满足人民日益增长的美好生活需要的发展，是体现新发展理念的发展，是创新成为第一动力、协调成为内生特点、绿色成为普遍形态、开放成为必由之路、共享成为根本目的的发展"。[②]

党的十九届五中全会通过的《中共中央关于制定国民经济和社会发展第十四个五年规划和二〇三五年远景目标的建议》明确提出"十四五"时期经济社会发展必须遵循的原则之一，就是坚持新发展理念。把新发展理念贯穿发展全过程和各领域，构建新发展格局，切实转变发展方式，推动质量变革、效率变革、动力变革，实现更高质量、更有效率、更加公平、更可持续、更为安全的发展。[③] 党的十九届六中全会公报指出："我国经济迈上更高质量、更有效率、更加公平、更可持续、更为安全的发展之路""立足新发展阶段、贯彻新发展理念、构建新发展格局、推动高质量发展"。[④]

由此可见，高质量发展是体现新发展理念的发展，必须坚持

---

① 《决胜全面建成小康社会 夺取新时代中国特色社会主义伟大胜利——在中国共产党第十九次全国代表大会上的报告》，2017 年 10 月 18 日，https：//china. huanqiu. com/article/9CaKrnKljBv。

② 《习近平谈治国理政》第三卷，外文出版社 2020 年版，第 238、239 页。

③ 《中共中央关于制定国民经济和社会发展第十四个五年规划和二〇三五年远景目标的建议》，2020 年 10 月 29 日，http：//www. gov. cn/zhengce/2020 - 11/03/content_ 5556991. htm。

④ 《中共中央关于党的百年奋斗重大成就和历史经验的决议》，2021 年 11 月 11 日，ht-tp：//www. gov. cn/zhengce/2021 - 11/16/content_ 5651269. htm。

"创新、协调、绿色、开放、共享"与发展相统一。高质量发展是以人民为中心的发展，是宏观经济稳定性增强的发展，是创新驱动的发展，是生态优先绿色发展，富有竞争力的企业是高质量发展的微观基础，高质量发展要坚持市场化、法治化、国际化。[①] 高质量发展是适应经济发展新常态的主动选择，是建设现代化经济体系的必由之路。推动中国经济高质量发展，需要正确把握整体推进和重点突破的关系、总体谋划和久久为功的关系、破除旧动能和培育新动能的关系、生态环境保护和经济发展的关系、维护公平与讲求效率的关系。[②]

二、高质量发展的模式转变

高质量发展要坚持以人民为中心的发展思想，需要转变传统发展模式，建立与数字经济时代特征和中国经济体制相适应的新型发展思路。对基础设施而言，在推动中国经济高质量发展的过程中，需要适应高质量发展，实现传统发展模式转型升级。在数字经济时代，推进基础设施 PPP 项目高质量发展主要表现为四大转向，即项目决策和项目监管由粗放转向精准，由"重地上、轻地下"转向"地上、地下"统筹，由重建设转向全生命周期政府监管，由产业政策为主转向强化竞争政策的基础性地位。

(一) 项目决策和项目监管由粗放转向精准

在中国经济高速增长和城市化快速发展过程中，基础设施 PPP 项目发展的超前建设和预期不足两大问题并存。在数字经济时代，如何运用大数据、物联网、区块链、云计算和边缘计算等数字技术，通过多角度、多维度、全方位的数据信息汇集，利用算法与算力推动基础设施决策精准性，是推动基础设施高质量发展的重要前提。在基础设

---

① 刘鹤：《必须实现高质量发展》，载于《人民日报》2021 年 11 月 24 日。
② 郑文涛：《用好推动高质量发展的辩证法》，载于《经济日报》2018 年 7 月 12 日。

施建设领域，需要充分挖掘数据资源并通过数字化技术推动粗放决策向精准决策转型，提升基础设施 PPP 项目决策的精准性。在数字经济时代，基础设施 PPP 项目大量的数据资源以及数字技术的快速发展，为运用微观数据进行精准决策和有效监管提供了重要前提。

（二）由"重地上、轻地下"转向"地上、地下"统筹

长期以来，"重地上、轻地下"成为中国基础设施发展过程中的普遍问题，"底数不清、马路拉链"等成为社会各界普遍关注和诟病的重要问题。"十四五"期间以及未来一段时间内，中国基础设施高质量发展需要补齐地下基础设施建设"短板"，建立地下基础设施"身份证"，推动基础设施"地上、地下"相互协调和高质量发展。其中，补齐地下基础设施建设"短板"，推动城市地下基础设施全面普查机制，建立基于地理信息系统（GIS）的地下基础设施定位机制，构建地下基础设施信息数据动态更新机制，完善地下基础设施建设和运行维护部门之间的有效衔接机制，形成地上基础设施与地下基础设施"数据一张网"、政府监管"协同化"的新型基础设施发展模式，成为推动基础设施高质量发展的重要内容。

（三）由重建设转向全生命周期政府监管

加快基础设施建设，在推动中国城市化进程中发挥了重要作用。在中国由经济高速增长转向经济高质量发展、基础设施建设增量变缓背景下，由推进基础设施建设向全生命周期政府监管转变。特别地，与传统意义上更加重视"是否建"相比，在推动中国基础设施高质量发展过程中，如何甄选基础设施 PPP 项目的运作主体，如何强化基础设施 PPP 项目的运行质量和维护质量成为一项重要内容。因此，如何通过竞争机制甄选高质量的基础设施 PPP 项目运作主体，通过体制机制创新和数字化迭代升级推进政府监管效能提升和政府监管现代化，形成"规划、设计、建设、运维、监管"全链条政府监管效能升级路径，已然成为推进基础设施高质量发展的重要方式。

（四）由产业政策为主转向强化竞争政策的基础性地位

竞争是市场经济的本质特征。竞争政策是保护和促进市场公平竞争的政策、法律和监管机制的总和。强化竞争政策的基础性地位，是建设高标准市场体系、建设全国统一大市场的一项重要内容。改革开放 40 多年来，中国产业政策在推进产业发展和促进国家竞争力提升上发挥了重要作用。随着中国强化竞争政策的基础性地位，近年来，出现了产业政策和竞争政策之间的平衡问题、冲突问题与协调问题。从基础设施发展实践来看，行政垄断所带来的不公平竞争问题以及滥用物理网络环节的市场支配地位，并将其传导到竞争性环节，成为基础设施领域竞争政策关注的重要内容。因此，在强化反垄断和公平竞争审查、建设全国统一大市场的背景下，需要强化竞争政策的基础性地位，有效地平衡产业政策和竞争政策的关系，形成产业监管部门与竞争政策执法部门的良性互动机制。

三、高质量发展的动力保障

中国经济高质量发展的重点是瞄准发展中的现实问题，形成高质量发展思维，在发展理念、发展路径上形成与高质量发展相适应的理论体系与政策方案。

（一）高质量发展要以持续深化供给侧结构性改革为主线

当前，中国经济发展中面临的主要问题的核心在供给侧，推进供给侧结构性改革，是适应和引领经济发展新常态的重大创新，是适应国际金融危机、中美贸易摩擦后推动中国经济高质量发展的主动选择，也是适应中国经济发展新常态的必然要求。实现中国经济高质量发展的重点，是提升供给总量、优化供给结构、供给质量，更好地满足人民日益增长的物质文化生活需要。在加快推进供给侧结构性改革过程中，也要重视需求侧管理，以扩大内需为主基调，实现内需与供给有机协同。

围绕共同富裕，推动基础设施建设，推动区域协调发展，推动经济平稳、健康发展。供给侧结构性改革为基础设施高质量发展提出新要求，基础设施发展不仅要重视总量的扩张，更要关注供给质量与区域平衡，要形成与供给侧结构性改革相适应的中国基础设施发展之路。

（二）高质量发展要以市场化改革为重要推进路径

21 世纪以来，中国基础设施供给质量和运营服务水平不断提高，原因在于不断优化政府和市场的关系，由管制型政府向服务型政府转变，由关注产品质量转向更加重视通过标准与服务升级助推产品质量跃迁。推动中国基础设施高质量发展，需要继续深化市场化改革，理顺水、电、气、热等民生领域的成本价格关系，从共同富裕和经济效率等多维度视角推动基础设施产品价格或服务价格改革。推动以特许经营或 PPP 为重点内容的基础设施市场化改革，用竞争方式吸引高质量的建设主体或运营主体参与基础设施市场供应。持续推进全国统一大市场建设，形成与中国国情相适应的基础设施公平竞争审查制度、反垄断监管制度以及产业监管与竞争政策协调发展制度。强化基础设施等领域的政府治理体系建设，加快构建充分展示中国特色、具有国际优势的制度体系和监管模式。

（三）高质量发展要始终坚持"两个毫不动摇"

党的十九届四中全会提出"公有制为主体、多种所有制经济共同发展，按劳分配为主体、多种分配方式并存，社会主义市场经济体制等社会主义基本经济制度，既体现了社会主义制度优越性，又同我国社会主义初级阶段社会生产力发展水平相适应，是党和人民的伟大创造"。[①] 实现高质量发展，必须毫不动摇地巩固和发展公有制经济，毫

---

① 《中共中央关于坚持和完善中国特色社会主义制度 推动国家治理体系和治理能力现代化若干重大问题的决定》，2019 年 10 月 31 日，http://www.gov.cn/zhengce/2019 - 11/05/content_5449023.htm。

不动摇地鼓励、支持、引导非公有制经济发展。在推动基础设施市场化改革中，要支持国有资本和国有企业做大、做强、做优，特别对基础设施领域要坚持市场化改革导向。此外，在构建亲清政商关系的背景下，要推动非公有经济健康发展，实现不同所有制企业之间平衡和高质量发展。

第三节　高质量发展下基础设施 PPP 的关键问题

推动基础设施高质量发展，核心是由重视数量向重视质量转变。同时，需要适应反垄断与反不正当竞争、建设全国统一大市场、强化公平竞争审查等政策的新变化，建立基础设施供需匹配机制，提升基础设施 PPP 项目的投资效率，推进基础设施 PPP 项目高质量落地，优化基础设施 PPP 项目的协议内容，基于全流程视角搭建基础设施 PPP 项目的数字化监管平台。因此，基础设施 PPP 项目高质量发展主要有四大核心问题，即如何激发基础设施 PPP 项目运作主体的有效投资？如何提升基础设施 PPP 项目落地的质量与速度？如何规范基础设施 PPP 项目协议的整体框架内容？如何构建基础设施 PPP 项目的新型监管体制机制？

一、如何激发基础设施 PPP 项目运作主体的有效投资

基础设施 PPP 项目往往具有投资数额大、回报周期长的特点，甚至一些项目缺乏付费机制。因此，在实践中部分基础设施 PPP 项目出现了竞标不充分现象偶有发生等情况，给基础设施 PPP 项目充分竞争、吸引优质特许经营企业运作特定基础设施 PPP 项目带来诸多难度，也降低了基础设施 PPP 项目运作主体的投资活力。同时，在投资审批权下放后，地方政府为了推动本地经济发展，更加偏好基础设施项目投资，在一定程度上带来了基础设施 PPP 项目投资过度或

结构不合理的问题。由此可见，中国基础设施 PPP 项目投资呈现出投资不足与投资过度并存、基础设施行业投资结构不合理的双重特征。因此，在中国经济高质量发展背景下，基础设施 PPP 项目高质量发展的重中之重是形成与高质量发展相适应的投资结构和有效投资格局，依据供需关系并合理谋划基础设施 PPP 项目投资规模，重点推进具有准公共产品属性的基础设施 PPP 项目，有效地解决基础设施 PPP 项目竞标主体不足的问题。此外，与投资不足相比，在财政负担下，地方政府更热衷于推进基础设施 PPP 项目以拉动经济增长。

综上所述，如何规避基础设施 PPP 项目投资不足或过度投资，激发基础设施 PPP 项目运作主体有效投资，成为推动基础设施 PPP 项目高质量发展的重要问题之一。

二、如何提升基础设施 PPP 项目落地质量和落地速度

基础设施 PPP 项目落地是指，进入执行阶段以后的基础设施 PPP 项目。而基础设施 PPP 项目落地率是指，在项目管理库中处于执行阶段的基础设施 PPP 项目占全部基础设施 PPP 项目的比重。2013 年以来，中华人民共和国发展和改革委员会以及财政部等部门相继出台一系列政策来推进 PPP 项目发展，使基础设施 PPP 项目进入快速发展的新时期。与高涨的推进热情相比，基础设施 PPP 项目也产生了落地难问题。主要原因有四点。一是从项目收益角度来看，一些基础设施 PPP 项目具有典型的无收益或低收益的特征，该类项目的运作势必增加地方政府的财政负担，从而带来落地难风险；二是从社会资本角度来看，设计环节、建设环节、运营环节和维护环节存在多个运作主体且部分具有临时组建特征，无疑增加了项目各主体之间的磨合成本和信息不对称成本，从而增加落地难风险；三是从市场规模来看，往往通过企业担保获取融资，金融机构的作用发挥有限，制约了基础设施 PPP 项目的落地；四是地方政府财政负担较重或地方政府监管效能较低，降低了基础设施 PPP 项目的落地速度和落地质量，带来了项目落地难风

险。高质量发展需要形成以效率和效益为目标的基础设施 PPP 项目发展的良性机制。因此，需要明确基础设施领域适宜运作 PPP 的主要模式和具体环节，避免将不适宜运作 PPP 的项目与适宜运作 PPP 的项目打包运作或将根本不适合运作 PPP 的项目运作成 PPP 项目，从而带来"伪 PPP"问题或"弱 PPP"问题。同时，需要平衡地方政府财政负担和基础设施 PPP 项目选择模式，避免选择地方政府负担过重且缺乏稳定收益来源的基础设施 PPP 项目。此外，需要不断推进地方政府监管效能提升和地方政府监管现代化改革，从而提升基础设施 PPP 项目的落地质量和落地速度。

三、如何规范基础设施 PPP 项目协议整体框架内容

协议是保障基础设施 PPP 项目运作期内高质量发展的关键。基础设施 PPP 项目协议，涉及基本内容、付费机制、价格机制和风险分担等。首先，应明确基础设施 PPP 项目协议的整体框架，即 PPP 项目的内容和范围、资本性投资规定、产品价格或服务价格、质量与供给数量规定、销售收入结算规定、重要生产要素采购规定、关于保证持续提供基础设施产品或服务的规定、运营和资产管理规定、运作主体信息报告义务规定、混业经营限制规定、资产移交规定、补贴机制规定、争议解决规定、PPP 项目运营权变更规定或终止规定等。其次，确定政府付费、使用者付费和可行性缺口补贴适用性。政府付费主要适用于准经营性项目或不可经营性项目。在该机制中，政府根据特定产品或服务的数量和质量向 PPP 项目运营企业付费。使用者付费机制是指，由最终消费用户直接付费购买基础设施产品或服务。基础设施 PPP 项目通过对消费者或直接使用者收费的方式，弥补项目建设成本与运营成本，并获得合理利润。使用者付费机制，主要适用于具有稳定收费机制的供水、供热、供气等部分基础设施 PPP 项目。可行性缺口补贴机制是指，使用者付费难以使基础设施 PPP 项目获得合理收益，甚至无法弥补建设成本与运营成本，因此，缺口部分由政府进行补贴。再

次，形成合理的基础设施 PPP 项目定价机制与调价机制。基础设施
PPP 项目产品调价或服务调价要考虑经济福利和政治约束，建立"调
多少、何时调、谁来调、如何调"的分类机制，依据要素成本价格等
确定是否调高价格或调低价格。最后，明确基础设施 PPP 项目的风险
分担机制。根据风险不同，可分为全部风险 PPP 项目、共担风险 PPP
项目和有限风险 PPP 项目。其中，全部风险 PPP 项目需要运营企业承
担 PPP 项目的投资职责、建设职责、运营职责和管理职责，需要运营
主体承担建设风险、运营风险以及投资过程、建设过程与运营过程中
所需的费用，典型模式有 BOT 模式及其衍生模式。共担风险 PPP 项目
的典型特征是，企业和地方政府共同投资、企业经营而地方政府不经
营、企业和地方政府都承担部分风险。PPP 项目运作主体承担建设、
运营过程中的技术风险以及额外投资的投资风险，政府分担政府投入
部分的经营风险，典型模式有租赁模式、服务外包模式和合资合作模
式。有限风险 PPP 项目的典型特征是，企业不投资、政府投资，企业
经营、政府不经营，企业承担有限风险、政府承担无限风险，该类项
目的主要模式有委托运营模式。

四、如何构建基础设施 PPP 项目新型监管体制机制

在当前竞争政策处于基础性地位、强化公平竞争审查、建设全国
统一大市场以及数字经济时代背景下，推进政府监管效能提升并推动
政府监管现代化，需要形成与基础设施 PPP 项目相适应的新型监管体
制机制。其中，要继续坚持和深化基础设施的市场化改革，并将其作
为推动基础设施高质量发展的重要路径。强化竞争政策的基础性地位，
由传统的产业政策思维转向竞争政策思维。重视数字经济与基础设施
建设结合，形成与数字经济时代相适应的推动基础设施高质量发展的
数智化监管体系。具体而言：一是重视保障基础设施安全，在全国统
一大市场背景下，在公平竞争审查机制下，合理选择 PPP 模式，创新
市场化运作方式，深入推进基础设施市场化改革，重点关注需要深入

推进市场化但市场化进程受限的领域或环节；二是转变长期以来的产业政策思维，强化竞争政策的基础性地位，从以重视基础设施领域的行业监管转向重视竞争监管或反垄断监管，实现竞争政策和产业政策同向而行，推进基础设施 PPP 项目运作全流程的公平竞争，实现基础设施运营主体的规模化运作、专业化运作和集团化运作；三是构建与数字经济时代特征相适应的基础设施 PPP 项目数智化监管机制，已成为基础设施监管体制改革的必然选择。其中，如何形成基础设施 PPP 项目的整体治理思维，如何保障基础设施 PPP 项目的数据共享质量，如何保障基础设施 PPP 项目数据共享安全，如何扩展基础设施 PPP 项目的数字技术应用空间，从而实现基础设施 PPP 项目政府监管的思维转型、载体转型、机制转型、监督转型和评价转型，是中国经济高质量发展下基础设施 PPP 项目有效监管的重要议题。

中国经济高质量发展，对基础设施 PPP 项目的运作提出新的需求。为顺应时代变化，需要从投资质量、落地质量、市场化发展质量和监管质量等链条出发，激发基础设施 PPP 项目运作主体的有效投资，提升基础设施 PPP 项目落地的质量和速度，规范基础设施 PPP 项目的市场化运作，构建基础设施 PPP 项目新型政府监管体制机制，成为高质量发展下中国基础设施推进 PPP 模式的关键问题。

第四节　基础设施的高质量发展与 PPP 模式选择

明确基础设施 PPP 的重点领域，确定基础设施 PPP 的合理模式，是推动基础设施高质量发展的重要保障和基本前提。建设—运营—移交（BOT）模式、转让—运营—移交（TOT）模式和委托运营模式，是基础设施 PPP 的常见模式。具有竞争性特征的基础设施特定业务或特定环节是其进行 PPP 的重要基础，而这些竞争性业务或竞争性环节基本上可以进一步细分为生产、销售、维护等主要环节，不同环节的经济属性以及主辅业务特征决定了 PPP 模式选择的差异性。从实践来看，生产环节是基础设施 PPP 项目的主要环节。因此，本节将从生产环节以及除生产环节以外的其他环节出发，对基础设施高质量发展以及 PPP 模式选择问题进行研究。

一、生产环节的基础设施 PPP 项目模式选择

从基础设施 PPP 项目的竞争性业务或竞争性环节来看，供水生产、污水处理、垃圾处理、燃气生产、热能生产以及公交车辆运行都具有典型的生产属性，是基础设施的主营业务领域。不同行业的差异性，决定了 PPP 模式与基础设施生产业务群的选择方式。其中，对经营性 PPP 项目而言，当具有明确的收费基础，并且；经营收费能够完全覆盖投资成本的经营性 PPP 项目，可以通过特许经营权竞标方式或政府授予特许经营权方式，以建设—运营—移交（BOT）模式、建设—拥有—运营—移交（BOOT）模式等推进基础设施 PPP 项目建设。在畅通国内大循环、建设全国统一大市场的背景下，要依法放开相关项目的建设市场和运营市场，积极推动基础设施 PPP 项目建设。对准经营性项目而言，当经营收费难以覆盖投资成本、需要政府补贴部分资金或资源时，可采取政府授予特许经营权附加部分补贴或直接投资参股等措施，通过建设—运营—移交（BOT）模式、建设—拥有—运营（BOO）模式等，有序推进基础设施 PPP 项目建设。要建立投资、补贴与价格的协同机制，为投资者获取合理回报创造条件。对非经营性项目，当缺乏使用者付费基础、主要依靠政府付费回收投资成本时，可以通过政府购买公共服务的方式，采用建设—拥有—运营（BOO）模式、委托运营等市场化模式推进。投资数额较大项目与投资数额较少项目、新建项目和已建项目是构成基础设施 PPP 模式选择的两类重要特征变量，因此，将重点从投资数额较大项目与投资数额较少项目、新建项目与已建项目对基础设施生产环节的 PPP 模式选择进行研究。

（一）投资数额较大的新建项目 PPP 模式与已建项目 PPP 模式匹配机制

对于涉及建设环节或资产转让环节的基础设施 PPP 项目而言，PPP 项目运作主体为获取基础设施 PPP 项目的特许经营权往往需要大量投资。对于投资数额较大或转让金额较大的基础设施新建项目或转让项目而言，PPP 项目运作主体为收回投资或转让投资并获得合理收益，需要设置较长的特许项目经营期。其中，对涉及新建环节的基础设施 PPP 项目而言，需要选择建设—运营—移交（BOT）模式、建设—拥有—运营（BOO）模式、建设—拥有—运营—移交（BOOT）模式等。而对涉及资产转让环节的基础设施 PPP 项目而言，可以选择转让—运营—移交（TOT）模式、改扩建—运营—移交（ROT）模式等。

（二）投资数额较少的新建项目 PPP 模式与已建项目 PPP 模式匹配机制

一般而言，涉及生产环节的基础设施，需要较多投资来维系建设过程中的成本投入或弥补 PPP 项目的转让投资。但在基础设施市场化改革过程中，并非所有涉及生产环节的 PPP 项目都需要大额投资，如除地铁以外的其他公共交通的投资数额相对较低。特别地，如果购置车辆的所有权归属于城市公共交通企业，对公共交通领域的生产环节推进市场化改革，其实质是政府购买公共服务。需要说明的是，尽管地铁和公交同属于公共交通系统，但因投资额度差异以及物理网络强弱不同，需要选择不同的 PPP 模式。原因在于，对投资数额较少的新建项目或已建项目而言，在基础设施 PPP 项目较短的运作周期内能够回收成本并获得合理收益，因此，难以选择 BOT 模式或 TOT 模式等特许经营模式。同时，投资数额较少的新建项目或已建项目边界较为清晰，在 PPP 项目运作期内，如果控制住服务质量等变动因素，通过竞标服务价格、服务方式能够实现高效选择 PPP 项目运作主体的目标。而委托运营模式的特许经营期较短、约束性较强，更适用于投资数额较少的新建项目或已建项目。

二、非生产环节的基础设施 PPP 项目模式选择

基础设施的非生产环节又称为辅助环节，是为基础设施正常生产提供辅助性业务的环节，如销售环节、维护环节以及运输环节等。非生产环节与生产环节的共同作用，推动了基础设施的有效运行。与生产环节相比，基础设施的非生产环节一般无须投入大量资金，且业务缺乏专业化属性。由经济理论可知，专业化程度，是衡量市场竞争程度的重要因素。一般而言，专业化程度越低的业务或领域其市场竞争程度越高，更具备市场化基础。鉴于基础设施非生产环节的固定资产投资额较低，在合理的投资回报机制下，项目或业务的投资回收期相对较短，这为在基础设施 PPP 项目运作周期内确定合同边界，有效规避风险提供了重要的基础。基础设施的非生产环节，主要有城市供水行业的销售环节和维护环节，城市污水处理行业的污水处理费收取环节，城市垃圾处理的收集、清扫、运输与垃圾处理费的收取环节，城市燃气的销售环节与维护环节，城市热能的销售环节与维护环节，以及城市公共交通的票务业务环节。其中，基础设施维护环节的专业化程度高于其他非生产环节，从理论上可以同生产环节进行组合选择市场化运作方式，也可以分开选择市场化运作方式。基础设施非生产环节的共性特征使其选择市场化方式时具有类似性，即可以选择 PPP 运作周期较短的不涉及资产转让的委托运营模式或服务外包模式。这两种模式能够规避合同期内外界因素变化对合同的冲击，并能够清晰地界定特许经营期内委托运营主体或服务外包主体的权责边界，从而实现特许经营期内基础设施非生产性业务的高效性和平稳性。

第五节　基础设施 PPP 项目高质量发展与监管框架

政府监管是基础设施 PPP 项目高质量发展的重要保障。本节从基

础设施 PPP 项目的主要发展历程出发，对 2013 年以来中国基础设施
PPP 项目快速发展时期的特征进行分析。在此基础上，明确了推动基
础设施 PPP 项目高质量发展的基本逻辑，通过政策体系缓解投资压力、
解决落地难题、推动基础设施全国统一大市场建设。最后，从公平竞
争审查、反垄断以及数智化监管三个维度，分析基础设施 PPP 项目政
府监管的基本逻辑。

一、基础设施 PPP 项目的主要发展历程

中国基础设施 PPP 项目的发展，经历了探索阶段、试点阶段、推
广阶段、调整阶段和普及阶段。1984～1992 年，中国基础设施开始探
索性地引进外资企业参与深圳沙头角 B 电厂等项目的建设和运营，这
是中国基础设施市场化改革的开端。1993～2002 年，党的十四大提出
"建设社会主义市场经济"① 和 1994 年推进分税制改革，中国基础设施
PPP 项目进入由原国家计划委员会为主体的外资试办投资特许经营权
项目的试点阶段，该阶段代表性项目主要有广西来宾 B 电厂项目、成
都市自来水厂六厂 B 厂项目。2003～2007 年，党的十六届三中全会提
出 "放宽市场准入，允许非公有资本进入法律法规未禁入的基础设施、
公用事业及其他行业和领域"，② 原中华人民共和国建设部出台《关于
加快市政公用行业市场化进程的意见》《市政公用事业特许经营管理办
法》《关于加强市政公用事业监管的意见》，标志着中国基础设施 PPP 项
目进入推广阶段，该阶段民营企业逐渐成为 PPP 项目中社会资本的主体，
代表性项目主要有北京地铁 4 号线项目和国家体育场项目等。2008～
2012 年，在应对国际金融危机及对中国基础设施 PPP 模式进行反思的背
景下，国有资本成为基础设施 PPP 项目的重要参与者。2013 年以来，在

---

① 《加快改革开放和现代化建设步伐，夺取中国特色社会主义事业的更大胜利》，1992
年 10 月 12 日，http：//www. gov. cn/test/2007 - 08/29/content_730511. htm。
② 《中国共产党十六届三中全会公报》，2003 年 10 月 14 日，https：//www. cnr. cn/
2008zt/sqszqh/lj/200810/t20081021_505129746. html。

地方政府债务压力、财税体制改革、投融资体制改革以及基础设施现实需求的背景下，国家发展和改革委员会、财政部相继出台了《关于在公共服务领域推广政府和社会资本合作模式的指导意见》《政府和社会资本合作模式操作指南（试行）》等文件，自此进入以国家发展和改革委员会、财政部为主导的国有企业为主、各类型企业参与的中国基础设施 PPP 项目快速发展的新阶段。由此可见，2013 年以来，中国基础设施市场化改革进入大力推广 PPP 模式的新阶段，该阶段的基础设施 PPP 项目呈现出数量多、范围广等特征，在一定程度上通过基础设施投资引致经济高速增长。

二、基础设施 PPP 项目高质量发展逻辑

基础设施 PPP 项目高质量发展的核心，是实现由规模扩张向结构优化与质量提升转变，推动基础设施产品或服务的高质量发展。其中，推动高质量投资是实现基础设施 PPP 项目高质量发展的重要前提，只有通过 PPP 模式解决基础设施投资不足、投资结构不平衡等问题，才能推进基础设施 PPP 项目的投资规模、投资结构优化。有效地实现项目落地，是解决基础设施 PPP 项目供需不平衡的一项重要内容，也是影响基础设施 PPP 项目高质量发展的一个重要环节。深化基础设施 PPP 项目市场化改革，有效地平衡政府和市场关系，有助于推动基础设施 PPP 项目的高质量发展。因此，本书构建落地效应和市场化效应两个维度推动基础设施 PPP 项目高质量发展的分析框架。具体而言：一是从理论上说，财政负担制约着基础设施 PPP 项目落地，本书建立财政负担视角下基础设施 PPP 项目落地的典型化事实、理论框架建构以及实证分析路径，在此基础上，提出应对财政负担推进基础设施 PPP 项目落地的政策体系；二是坚持市场化改革，厘清基础设施市场化改革的主要特征，梳理典型基础设施市场化改革的发展历程，明确基础设施市场化改革的基本导向，提出市场化改革下典型基础设施 PPP 项目的高质量发展路径。

三、基础设施 PPP 项目的政府监管转型

　　基础设施 PPP 项目准入监管、价格监管、投资监管和退出监管等传统政府监管框架日趋成熟，近年来，随着竞争政策基础性地位的确立以及数字经济时代政府监管转型的客观需求，迫切需要推进基础设施 PPP 项目的政府监管转型。中国基础设施 PPP 项目政府监管转型的两个方向，是通过强化反垄断监管和数智化监管转型，推动基础设施 PPP 项目高质量发展。其中，经济性监管、社会性监管和反垄断监管构成现代政府监管的理论框架，长期以来，对基础设施 PPP 项目的政府监管具有经济性监管特征，该类政府监管已趋于成熟。随着公平竞争审查、建设全国统一大市场、垄断性业务领域的市场势力传导到竞争性业务领域等，基础设施 PPP 项目的监管已由经济性监管转为越发重视反垄断监管。因此，反垄断监管成为推动中国基础设施 PPP 项目高质量发展的重要监管方向。基于此，本书将重点分析反垄断监管与基础设施 PPP 项目高质量发展的理论逻辑，梳理基础设施 PPP 项目反垄断监管的总体现状，优化基础设施 PPP 项目行业监管与反垄断监管的协调机制，健全反垄断监管下基础设施 PPP 项目高质量发展的政策体系，为从反垄断监管视角推动基础设施 PPP 项目高质量发展提供理论依据。同时，在数据化、平台化、智慧化、动态性的数字经济时代下，迫切需要建立与数字经济时代特征相适应的数智化监管体系，推动基础设施 PPP 项目高质量发展。因此，本书重点分析数智化监管与基础设施 PPP 项目高质量发展的理论逻辑，明确数字经济时代基础设施 PPP 项目政府监管不适应性的主要表现，厘清数字经济时代制约基础设施 PPP 项目数智化监管转型的主要因素，提出数智化监管下推动基础设施 PPP 项目高质量发展的政策体系，为有关政府部门推动政府监管数智化转型、促进基础设施 PPP 项目高质量发展提供决策支持。

第二章 财政负担对基础设施 PPP 项目落地的影响

2013 年以来，在一系列政策的推动下，中国基础设施 PPP 项目快速增长。然而，在实践中，可能因需求紧迫导致基础设施 PPP 项目"落地难"和因财政压力过大导致基础设施 PPP 项目"落地难"的双重效应。那么，财政负担是否导致基础设施 PPP 项目"落地难"？因此，本章重点分析基础设施 PPP 项目的发展、基础设施 PPP 项目落地的典型事实，建立财政负担对基础设施 PPP 项目落地影响的理论框架，实证检验财政负担对基础设施 PPP 项目落地的影响效应，并提出在财政负担下促进基础设施 PPP 项目落地的政策建议。

第一节 基础设施 PPP 项目的发展特征及风险挑战

本节将总结基础设施 PPP 项目的发展特征，并明确基础设施 PPP 模式的主要风险及挑战。

一、基础设施 PPP 项目的发展特征

2013 年以来，国务院、中华人民共和国发展和改革委员会以及财政部等在 PPP 领域相继出台了一系列法规政策，PPP 模式成为基础设施市场化改革的重要方式。本节将基于财政部 PPP 项目库中

2013～2017 年的基础设施 PPP 项目，从推进数量、地区差异、行业差异、运作模式、操作进程五个方面分析基础设施 PPP 项目的发展特征。

（一）基础设施 PPP 项目的数量增长迅速

党的十八届三中全会提出，允许社会资本通过特许经营方式参与城市基础设施的投资和运营，[①] 为新一轮基础设施 PPP 项目的快速发展提供了政策支持。随后，国家发展和改革委员会、财政部以及住房和城乡建设部等部门相继出台了一系列政策，旨在推动基础设施 PPP 项目发展。2013～2017 年基础设施 PPP 项目数量与项目金额情况，如图 2－1 所示。由图可知，无论从项目数量还是从项目金额来看，2013～2017 年中国基础设施 PPP 项目都呈现出快速增长态势。其中，基础设施 PPP 项目数量由 2013 年的 243 个增长到 2017 年的 7986 个，项目金额由 2013 年的 362 亿元增加到 2017 年的 107300 亿元。

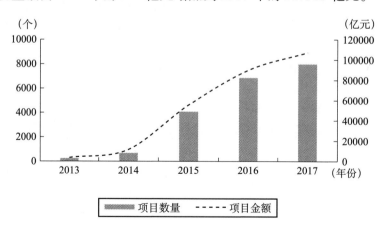

图 2－1　2013～2017 年基础设施 PPP 项目数量与项目金额情况

资料来源：政府和社会资本合作（PPP）综合信息平台。

---

① 《中共中央关于全面深化改革若干重大问题的决定》，2013 年 11 月 12 日，https：//china. huanqiu. com/article/9CaKrnJDaOm。

（二）基础设施PPP项目主要分布在经济欠发达地区

为分析基础设施 PPP 项目分布是否呈现出区域异质性特征，本书对 2013～2017 年中国的 29 个省（区、市）① 进行分析，2013～2017 年基础设施 PPP 项目的分布区域，见图 2－2。由此可见，基础设施 PPP 项目分布呈现出区域异质性特征。其中，基础设施 PPP 项目主要分布在经济发展水平比较低的中西部地区，如贵州、新疆、四川、河南、云南等地。而上海、北京、广东等发达地区的基础设施 PPP 项目数量和项目金额都处于低位，尤其是上海市在 2013～2017 年仅发起了 3 项基础设施 PPP 项目。由此可见，经济发展水平较为落后、地方财政收入水平相对较低的地区更有动力推广基础设施 PPP 项目，而经济发达、地方财政收入水平较高的地区对推行 PPP 模式的动力略显不足。

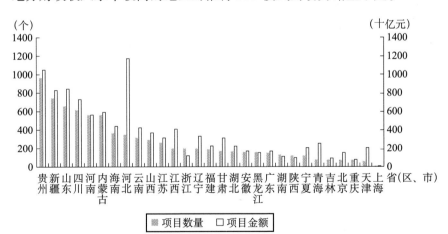

图 2－2　2013～2017 年基础设施 PPP 项目的分布区域
资料来源：政府和社会资本合作（PPP）综合信息平台。

---

① 29 个省（区、市）包括河北省、山西省、辽宁省、吉林省、黑龙江省、江苏省、浙江省、安徽省、福建省、江西省、山东省、河南省、湖北省、广东省、海南省、四川省、贵州省、云南省、陕西省、甘肃省、青海省、内蒙古自治区、广西壮族自治区、宁夏回族自治区、新疆维吾尔自治区、北京市、天津市、上海市、重庆市。

（三）基础设施 PPP 项目分布呈现出行业差异性

为分析地方政府在运作基础设施 PPP 项目时是否存在项目所在行业偏好，2013~2017 年基础设施 PPP 项目的行业分布情况，见表 2-1。2013~2017 年，共有 2125 项交通基础设施 PPP 项目，占比最高，达到 26.61%。之后，为城镇污水处理 PPP 项目，数量为 1020 项，占比 12.77%。此外，供水、供热、垃圾处理等行业 PPP 项目也占据一定比例。从基础设施 PPP 项目的行业分布来看，重投资的交通基础设施和生态类的环保基础设施是推广 PPP 模式的重要领域，这与近年来中国大力推行轨道交通运输、桥梁隧道、高速公路等交通基础设施建设，以及"绿水青山就是金山银山"的发展理念密切相关。

表 2-1　　　　2013~2017 年基础设施 PPP 项目的行业分布情况　　　单位：项

行业领域	PPP 项目数量
污水处理	1020
交通基础设施	2125
生态建设	926
供水	435
垃圾处理	389
供热	328
管网	344
其他	2419

资料来源：政府和社会资本合作（PPP）综合信息平台。

（四）基础设施 PPP 项目的运作模式以 BOT 模式为主

基础设施 PPP 项目的运作模式，主要包括建设—运营—移交、转让—运营—移交（TOT）两种基本模式，BOT 模式主要应用于新建项目，而 TOT 模式则主要应用于存量项目。为研究基础设施 PPP 项目运作模式的选择，本书对 2013~2017 年基础设施 PPP 项目的运作模式进行梳理并统计（见图 2-3）。其中，76.20% 的基础设施 PPP 项目采用 BOT 模式，4.50% 的基础设施 PPP 项目采用 TOT 模式。新建项目在基础设施 PPP 项目中占比相对较大，而存量项目占比相对较少。此外，"TOT + BOT"模式的基础设施 PPP 项目占比 3.60%，改造—运营—移交（ROT）模式的基础设施 PPP 项目占比 3.00%。由此可见，中国基础设施 PPP 项目主要采用 BOT 模式。

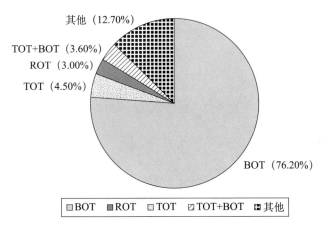

图 2 - 3　2013 ~ 2017 年基础设施 PPP 项目的运作模式

资料来源：政府和社会资本合作（PPP）综合信息平台。

（五）基础设施 PPP 项目的运作过程相对缓慢

基础设施 PPP 项目的运作过程，主要包括项目识别、项目准备、项目采购、项目执行和项目移交五个阶段。其中，处于项目执行阶段和项目移交阶段的项目已进入实质阶段，即处于项目落地环节。2013 ~ 2017 年基础设施 PPP 项目的操作阶段，见图 2 - 4。从图 2 - 1 和图 2 - 4 可以看出，在 7986 项基础设施 PPP 项目中有 3832 项仍处于识别阶段，占比 47.98%；处于准备阶段和采购阶段的项目分别为 1108 项和 1286 项，而处于执行阶段的项目为 1760 项。因为基础设施 PPP 项目运作的时间尚短，所以，2013 ~ 2017 年没有处于移交阶段的基础设施 PPP 项目。由此可见，2013 ~ 2017 年基础设施 PPP 项目的运作进程大多处于识别阶段，且项目整体上"落地率"不高，PPP 项目推进较为缓慢。

综上所述，2013～2017 年，中国基础设施 PPP 项目迎来爆发式增长，且基础设施 PPP 项目在区域、行业等方面呈现出差异化分布特征。此外，基础设施 PPP 项目大多处于识别阶段，整体"落地率"还有待提升。

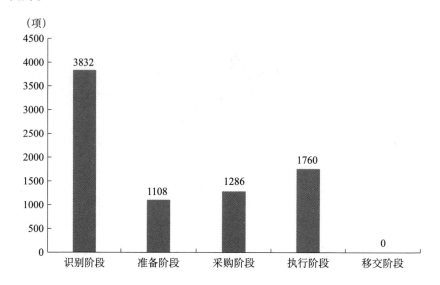

图 2-4　2013～2017 年基础设施 PPP 项目的操作阶段

资料来源：政府和社会资本合作（PPP）综合信息平台。

二、基础设施 PPP 模式风险与挑战

PPP 模式是推进基础设施市场化改革、实现政府和社会资本合作的重要方式，在推进基础设施有效供给、提升基础设施运行效率和服务水平等方面发挥了重要作用，但在推行基础设施 PPP 项目过程中也面临着一定风险和挑战。

（一）基础设施 PPP 项目推行的风险

根据政府和社会资本合作（PPP）综合信息平台的相关数据可知，中国基础设施 PPP 项目的运作周期在 10～30 年。基础设施 PPP 项目具

有长期性、复杂性的特征，无疑增加了基础设施 PPP 项目全生命周期的运作风险。因此，有效识别并合理分担项目风险，成为基础设施 PPP 项目能否成功运作的关键。基础设施 PPP 项目的风险主要集中在地方政府方引发的风险、社会资本方引发的风险以及难以预测的外部风险三个方面。

第一，地方政府方引发的风险。

地方政府方引发的风险，主要包括地方政府决策风险、地方政府信用风险以及配套设施缺失风险。地方政府决策风险是指，地方政府的短视行为或者政府经验、能力不足等政府决策失误引发的项目失败风险。政府信用风险主要体现在政府方的履约失信和政府换届或政策变更等导致的履约失信等风险，主要表现为补偿机制无法兑现、单方面取消某些契约条款、履约过程中故意拖沓以及未能提供配套土地等。配套设施缺失风险是指，政府未能提供配套设施而影响项目成功运行的风险。

第二，社会资本方引发的风险。

社会资本方引发的风险，主要包括项目运营风险、资本变更风险、环保风险以及工程质量风险。项目运营风险是指，企业前期设计不到位或技术不成熟导致的项目运营难以持续的风险。资本变更风险是指，合同变更、投资者变更等引发的项目范围与质量标准等变化的风险。环保风险是指，项目在运营过程中未能遵守相关环保标准造成环境污染导致项目难以进行的风险。工程质量风险是指，企业领导人基于个人利益和成本考虑，偷工减料导致工程项目质量低劣的风险。

第三，难以预测的外部风险。

外部风险主要包括市场风险、自然风险以及政治风险。市场风险是指，随着宏观经济、社会发展、人口规模的不断变化，法律法规不断调整等因素所引起的社会需求变化，导致市场预测和实际需求偏差带来的风险。自然风险是指，不可抗力事件（如火山喷发、地震等）导致项目难以为继的风险。政治风险是指，国际政治因素引发的事件（如贸易战、战争等）导致国内经济波动，使项目运行受阻带来的风险。在基础设施 PPP 项目建设与运行过程中，这类风险难以预测且可能带来重大损失，因此，需要重视基础设施 PPP 项目运作中难以预测的外部风险。

综上所述，针对基础设施 PPP 项目面临的不同风险，按照管控能力建立风险分担机制。政府决策风险、政府信用风险以及配套设施缺失风险由地方政府方承担。项目运营风险、资本变更风险、环保风险以及工程质量风险由社会资本方承担。对难以划分责任边界的市场风险、自然环境风险以及政治风险等，应由地方政府方和社会资本方共同承担。因此，应明确基础设施 PPP 项目的不同风险，并建立公平合理的风险分担机制。

（二）基础设施 PPP 项目面临的挑战

基础设施 PPP 项目在吸引社会资本投资、转变政府职能、化解地方政府债务风险等方面发挥了重要作用，但在基础设施 PPP 项目发展过程中仍然面临一定挑战。其中，政府和市场之间如何进行角色定位，如何更加科学、有效地运作基础设施 PPP 项目，如何完善基础设施 PPP 项目运作的法律法规等问题，是基础设施 PPP 项目发展过程中面临的主要挑战。

第一，政府和市场之间的角色定位尚较为模糊。

如何平衡政府和市场关系，推动有为政府和有效市场更好地结合，成为推动政府职能转变的一项重要任务。传统由政府提供的公共产品供应模式，过于依赖政府职能的有效发挥，在一定程度上干预了企业的微观决策，限制了市场机制的有效发挥，降低了资源的配置效率。随着市场化改革的深入推进，以及由管制型政府向服务型政府转型过程中，如何平衡地方政府方和社会资本方的关系，已成为推动基础设施 PPP 项目高质量发展的一项重要内容。如果过于夸大市场在资源配置中的决定性作用，忽视政府监管纠偏市场失灵的作用，则会在一定程度上带来公共责任缺失，造成社会福利损失。因此，在推进基础设施 PPP 项目的过程中，既要强调市场在资源配置中的决定性作用，又要有效地发挥政府作用，合理划分地方政府方和社会资本方的权责边界，实现有为政府和有效市场的更好结合。

第二，政府缺乏运作基础设施 PPP 项目的专业团队。

基础设施 PPP 项目在运作过程中涉及规划、建设、运营以及监管等多个环节，需要多部门协同监管。同时，运作基础设施 PPP 项目，需要金融、经济、法律、工程等多学科专业知识。此外，基础设施 PPP 项目的运作周期往往较长，这决定了项目的长期性与复杂性。中国基础设施 PPP 项目的起步时间较晚，地方政府对 PPP 模式的认识不足，缺乏高效运作 PPP 项目的经验，有些地方政府甚至尚未厘清 PPP 概念就盲目推广 PPP 模式，导致实践中产生了固定回报或变相固定回报、保底服务量、递减阶梯供给侧价格等问题，甚至个别项目的 PPP 合同缺陷，使得最终不得不通过政府高价回购的方式结束 PPP 项目经营权。由此可见，基础设施 PPP 项目的运作经验和地方政府信用，是影响项目运作效果的重要因素。应通过培训等方式不断提升地方政府对基础设施 PPP 项目专业知识的储备能力和运作能力，强化地方政府的信用意识和违约风险意识，推进基础设施 PPP 项目的高质量运作。

第三，基础设施 PPP 项目的法规制度尚不尽完善。

党的十八大以来，中国不断推进基础设施的市场化改革，在这一过程中，国务院、国家发展和改革委员会、财政部、住房和城乡建设部等以及各地方政府有关部门，相继出台了基础设施和公用事业等领域 PPP 模式的相关法规政策，基本形成了推动基础设施 PPP 模式的法规制度体系。但从实践来看，基于项目特征建立与之相匹配的 PPP 项目的运作模式与实施机制，形成与基础设施 PPP 项目相适应的激励性价格体系，基础设施 PPP 项目的纠纷解决机制等仍然缺乏必要的法律法规制度，给基础设施 PPP 项目的高质量运作带来一定风险。同时，国务院、国家发展和改革委员会、财政部、住房和城乡建设部等出台了 PPP 模式的政策文件，多以决定、意见、通知等法律位阶较低的形式出现。此外，《中华人民共和国政府采购法》和《中华人民共和国招标投标法》对基础设施 PPP 项目缺乏针对性。因此，亟须建立与中国国情相适应、与基础设施 PPP 项目特征相匹配的中国特色基础设施 PPP 项目运作法规制度体系。

第二节　基础设施 PPP 项目落地的典型事实分析

基础设施 PPP 项目只有处于落地阶段后，才能缓解地方政府的财政压力，促进经济增长。随着基础设施 PPP 项目的快速推进，在实践方面出现了一定程度的"落地难"问题。如何在中国经济高质量发展的背景下更好地推进基础设施 PPP 项目落地，成为一项重要的研究课题。因此，本节将从项目异质性、行业异质性和区域异质性三个方面，对基础设施 PPP 项目落地的典型事实进行分析。

一、基础设施 PPP 项目落地的项目异质性分析

本节主要从回报机制、投资规模以及新建项目与存量项目三个方面，对基础设施 PPP 项目落地的项目异质性进行分析。

(一) 回报机制

政府付费、使用者付费和可行性缺口补助，是基础设施 PPP 项目常见的三种回报机制。2013～2017 年基础设施 PPP 项目落地回报机制的异质性分析，见图 2－5。由图可知，可行性缺口补助、使用者付费和政府付费三种基础设施 PPP 项目的落地率为 43.2%～46.7%。其中，政府付费项目落地率高达 46.7%，可行性缺口补贴项目落地率为 43.2%。由此可见，可行性缺口补助项目落地率相对较低，原因在于，该类项目落地不仅要考虑价格调节机制、使用者数量以及可承受能力等因素，还要与地方政府协商政府补助金额或政府补助比例。此外，可行性缺口补助项目投资金额较大，会增加项目落地风险。

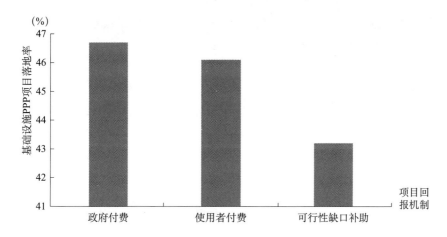

图 2 - 5　2013～2017 年基础设施 PPP 项目落地回报机制的异质性分析

资料来源：政府和社会资本合作（PPP）综合信息平台。

（二）投资规模

2013～2017 年基础设施 PPP 项目落地的投资规模异质性分析，见图 2 - 6。结果表明，基础设施 PPP 项目投资规模越大，落地率越低。其中，1 亿元以下的基础设施 PPP 项目落地率最高，投资规模为 1 亿～3 亿元的基础设施 PPP 项目落地率最低，其他项目落地率差别不大，约为 45％。可见，基础设施 PPP 项目的投资规模越大，对社会资本方资金筹集能力和财务能力的要求越高，该类项目的参与方往往较多，增加了地方政府与各参与方的协调成本。

（三）项目类型

2013～2017 年基础设施 PPP 项目落地的项目类型异质性分析，见图 2 - 7。由图可知，新建基础设施 PPP 项目落地率为 45.50％，比存量基础设施 PPP 项目落地率 49.1％略低。原因在于，相对于新建基础设施 PPP 项目而言，政府方运作的存量基础设施 PPP 项目经验更为丰富、论证时间和审批时间相对较短，有助于提高存量基础设施 PPP 项目的落地率。而对社会资本方而言，存量基础设施 PPP 项目的融资压力相对较小，对政府补贴的依赖程度相对较低，能够拥有稳定的长期收益。因此，存量基础设施 PPP 项目能够有效地缓解社会资本的融资压力并减轻地方政府的财政负担。

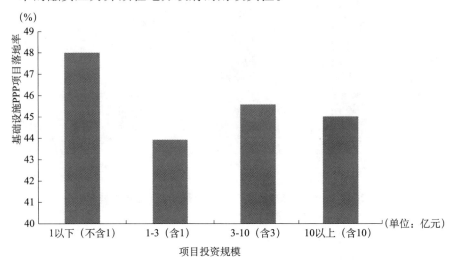

图 2 - 6　2013 ～ 2017 年基础设施 PPP 项目落地的投资规模异质性分析

资料来源：政府和社会资本合作（PPP）综合信息平台。

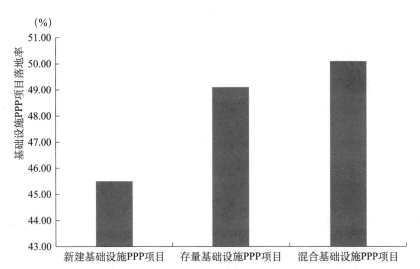

图 2 - 7　2013 ～ 2017 年基础设施 PPP 项目落地的项目类型异质性分析

资料来源：政府和社会资本合作（PPP）综合信息平台。

二、基础设施 PPP 项目落地的行业异质性分析

2013～2017 年基础设施 PPP 项目落地的行业异质性分析，见图 2－8。其中，市政工程行业 PPP 项目的落地率最高，交通运输行业 PPP 项目、水利建设行业 PPP 项目的落地率相对较低。原因在于：（1）投资金额越大的基础设施 PPP 项目，落地率越低；（2）新建项目占比越高的基础设施 PPP 项目，落地率越低；（3）经济发展水平较低地区的基础设施 PPP 项目，落地率较低。

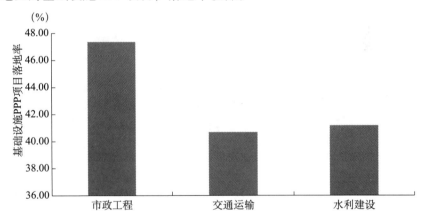

图 2－8　2013～2017 年基础设施 PPP 项目落地的行业异质性分析

资料来源：政府和社会资本合作（PPP）综合信息平台。

三、基础设施 PPP 项目落地的地区异质性分析

本节将从地区经济发展水平、地区市场化程度和地区 PPP 项目运作经验三个方面，分析基础设施 PPP 项目落地是否呈现出异质性特征。

（一）地区经济发展水平

2013～2017 年基础设施 PPP 项目落地的地区经济发展水平异质性，见图 2－9。由图可知，基础设施 PPP 项目落地与地区经济发展水平呈

正相关关系。其中，东部地区基础设施 PPP 项目落地率最高，达到了
58.00%。西部地区基础设施 PPP 项目的落地率最低，仅为 38.00%。
由此可见，不同地区在经济发展水平、基础设施完备程度、资本市场
发育成熟度、社会资本参与热度以及营商环境等方面存在一定差异，
由此形成了异质性的基础设施 PPP 项目落地率。

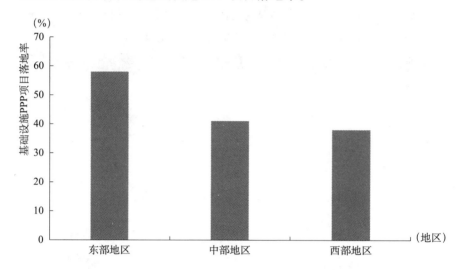

图 2 - 9   2013～2017 年基础设施 PPP 项目落地的地区经济发展水平异质性

资料来源：政府和社会资本合作（PPP）综合信息平台。

（二）地区市场化程度

基础设施 PPP 项目是地方政府推进基础设施市场化改革的重要举
措。2013～2017 年基础设施 PPP 项目落地的地区市场化程度异质性分
析，见图 2 - 10。由图可知，高市场化程度地区的基础设施 PPP 项目达
到 52.00%，而低市场化程度地区基础设施 PPP 项目的落地率仅为
40.00%。原因在于：（1）市场化改革促进了资金和人力资本的跨区域
流动，推动地区市场竞争力提升，更有助于吸引社会资本进入，能够
更好地保障基础设施 PPP 项目准入阶段的充分竞争；（2）高市场化程
度地区所拥有的基础设施 PPP 项目运作经验高于低市场化程度地区。

上述两方面原因，进一步推动了高市场化程度地区的基础设施 PPP 项目落地。

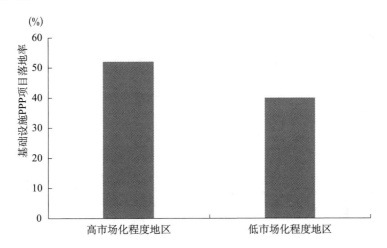

图 2 – 10　2013 ～ 2017 年基础设施 PPP 项目落地的
地区市场化程度异质性分析

资料来源：政府和社会资本合作（PPP）综合信息平台。

（三）地区 PPP 项目运作经验

由经济理论可知，经验越丰富的地方政府，越有助于提高项目运作成功率。地方政府所拥有的基础设施 PPP 项目运作经验，可能会影响项目的"落地率"。因此，本节采用世界银行私人参与基础设施建设（Private Participation in Infrastructure，PPI）数据库中的项目信息，选择中国的 30 个省（区、市）① 2013 年之前运作的 PPP 项目数量来衡量地区 PPP 项目的运作经验并作简要分析。2013 ～ 2017 年基础设施 PPP 项目落地的地区 PPP 投资经验异质性分析，见图 2 – 11。由图可知，东部地区的 PPP 项目运作经验较为丰富，中部地区次之，西部地区较少。进一步分析可知，总体上 PPP 项目运作经验的丰富程度与该地区基础设

---

① 由于数据可得性，中国的 30 个省（区、市）的数据未包含中国的港澳台地区的数据和中国的西藏自治区的数据，本书余同。

施 PPP 项目落地率呈正相关关系。特别对中西部地区而言，PPP 项目运作经验弱于东部地区，因此，基础设施 PPP 项目的落地率相对较低。

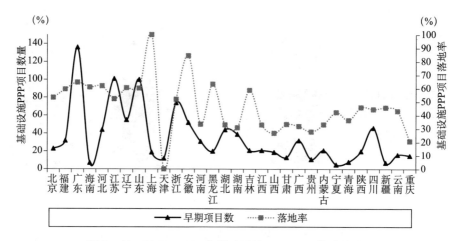

图 2 - 11   2013 ~ 2017 年基础设施 PPP 项目落地的地区

PPP 投资经验异质性分析

资料来源：政府和社会资本合作（PPP）综合信息平台。

四、基础设施 PPP 项目落地的招标异质性分析

基础设施 PPP 项目的招标方式，主要有邀请招标、竞争性谈判、竞争性磋商，公开招标和单一来源采购五种。2013 ~ 2017 年基础设施 PPP 项目落地的招标异质性分析，如图 2 - 12 所示，由图可知，公开招标应用最为普遍，但该方式下基础设施 PPP 项目落地率最低。而邀请招标、竞争性谈判、竞争性磋商、单一来源采购四种招标方式下基础设施 PPP 项目落地率相对较高。其中，单一来源采购的基础设施 PPP 项目落地率高达 97%。此外，邀请招标、竞争性谈判、竞争性磋商虽然在招标模式上存在一定差异，但这些模式在总体上都推动了基础设施 PPP 项目的落地。

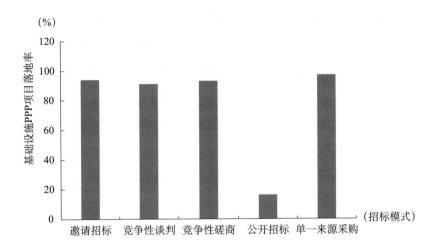

图 2 - 12　2013 ~ 2017 年基础设施 PPP 项目落地的招标异质性分析

资料来源：政府和社会资本合作（PPP）综合信息平台。

第三节　财政负担对基础设施 PPP 项目落地影响的理论分析

本节从地方政府财政负担的基本现状及形成原因、地方政府特征对基础设施 PPP 项目落地的影响、财政负担对基础设施 PPP 项目落地的影响机理三个方面，在理论上分析了财政负担对基础设施 PPP 项目落地的影响效应。

一、地方政府财政负担的基本现状及形成原因

本节将从中央政府和地方政府的财政收支变化、省级行政区划财政自给率变化两方面，厘清地方政府财政负担的基本现状。

（一）中央政府和地方政府的财政收支变化

改革开放以来，中国财政体制逐渐由集权走向分权。其中，

1980～1993 年实行财政包干制，该时期中央政府将财权下放地方。
1994 年实行分税制改革，明确了中央政府和地方政府的财政收支范
围和财政收支份额。1978～2020 年中央政府与地方政府财政收入占
比，见图 2－13。由图可知，1993 年中央政府财政收入比重从
22.00% 上升到 1994 年的 55.70%。此后，中央政府与地方政府的财
政收入比重，在 50.00% 附近波动并趋于稳定。同时，分税制改革带
来了财权和事权不统一问题，在一定程度上增加了地方政府的财政支
出。1978～2020 年中央政府与地方政府财政支出占比，见图 2－14。
由图可知，从 1994 年开始，地方政府的财政支出占比逐年上升，2020
年地方政府的财政支出份额约为 86%，而中央政府的财政支出份额约
为 14%。

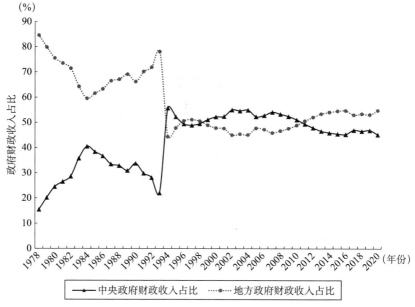

图 2－13　1978～2020 年中央政府与地方政府财政收入占比

资料来源：《中国统计年鉴》。

（二）省级行政区划财政自给率变化

因为各地区经济发展水平不同，所以，分税制改革对各地区的影

响具有较大异质性。1978~2020 年部分省（区、市）财政自给率变化情况，如图 2-15 所示。由图可知，从整体来看，随着分税制改革的推进，各省（区、市）财政自给率①呈现下降趋势，且总体来说，东部地区和中部地区财政自给率高于西部地区财政自给率。为缓解财政收入与财政支出之间的差距，地方政府纷纷通过银行贷款、土地抵押及组建融资平台等方式筹措资金。根据中华人民共和国财政部公开数据显示，截至 2020 年底，地方政府债务余额与 GDP 之比为 45.8%，低于国际通行的 60% 警戒线，风险总体可控。② 在财政分权下，进一步影响了地方政府的公共产品供给。

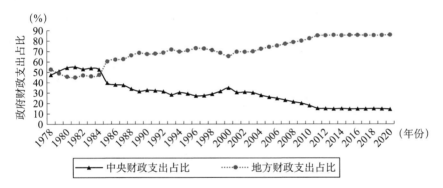

图 2-14 1978~2020 年中央政府与地方政府财政支出占比

资料来源：《中国统计年鉴》。

（三）地方政府财政负担的形成机理

地方政府财政负担的形成机理，主要表现在分税制财政体制、地区经济发展水平两个方面。

1. 分税制财政体制

分税制改革在优化中央政府和地方政府财政收入分成比例上发挥

---

① 财政自给率是财政收入与财政支出的比值。

② 《截至 2020 年末全国政府债务余额与 GDP 比重为 45.8%》，https：//finance. ifeng. com/c/85Fb5bGmym6。

了重要作用，但也暴露出一些问题，首先，中央政府和地方政府税收分成，缩减了地方政府的税收留存额度；其次，分税制改革后中央政府拥有兜底责任（刘尚希等，2018）。

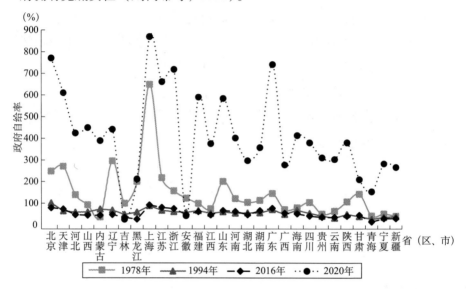

图 2 - 15 1978 ~ 2020 年中国的 29 个省（区、市）财政自给率变化情况

注：由于重庆市 1978 年数据缺失及西藏自治区 1978 年财政支出为负值，本书在作图时剔除了重庆市、西藏自治区的数据。

资料来源：《中国统计年鉴》。

2. 地区经济发展水平

从实践来看，财政负担较重的地区大多集中在西部地区。地区经济发展水平，可能导致中国东部地区、中部地区、西部地区三大区域地方政府财政负担的差异。其中，经济发展水平落后地区的居民收入和企业收入偏低，使地方政府的税收收入明显低于经济发展水平较高地区，从而在税源上拉大了区域之间的财政收入差距。同时，随着城镇化的快速推进，基础设施供需矛盾更加突出，通过基础设施投资增加供给，成为一项重要的课题。在基础设施需求驱动下，经济发展水平较差地区对新建与更新改造基础设施的需求更大，这些地区呈现出典型的高财政负担性。因此，供需矛盾与财政负担交织，进一步加剧了地方政府的财政负担。

（四）财政负担下地方政府经济行为

在实践中，地方政府往往通过多种方式解决基础设施的供需矛盾。具体而言，一是招商引资，为促进经济增长和增加税基，地方政府往往采取一系列土地、税收、贷款利率等优惠政策来吸引企业投资；二是土地财政，随着城镇化进程加快，土地财政收入有效地缓解了地方政府的财政负担；三是组建城投公司，发行城投债①是地方政府重要的融资渠道之一。城投债在一定程度上缓解了地方政府对基础设施建设的资金需求，但也引发了一系列违约风险。

二、地方政府特征对基础设施 PPP 项目落地影响

无论从理论还是从实践来看，地方政府特征都会影响基础设施 PPP 项目的运作效果。其中，地方政府治理能力和地方政府财政可承受能力，能够反映地方政府特征。

（一）地方政府治理能力对基础设施 PPP 项目落地的影响

建设全国统一大市场，有效地发挥有为政府和有效市场的作用，是推进国家治理体系和国家治理能力现代化的重要举措。从基础设施 PPP 项目的发展实践来看，过度干预与政府监管效能较低会影响基础设施 PPP 项目落地。具体而言：一是基础设施 PPP 项目主管部门或监管部门过度干预项目运作。鉴于长期形成的地方政府方和社会资本方之间权责利的不对等关系，导致在基础设施 PPP 项目发展中社会资本方处于弱势，甚至地方政府仍对个别 PPP 项目拥有控制权，从而不利于基础设施 PPP 项目的自主决策；二是与基础设施 PPP 项目特征相匹

---

① 城投债根据发行主体界定，涵盖了大部分企业债和少部分非金融企业债务融资工具。一般是相对于产业债而言的，主要为了实现城市基础设施等的投资目的而发行。

配、与数字经济发展相适应的现代监管体制尚未完善，数据化、平台化、智慧化和标准化是政府监管转型方向，当前，尚未形成现代化的政府监管体制机制。在现实中，政府监管部门效能的差异，直接影响基础设施 PPP 项目的落地率。

（二）地方政府财政承受能力对基础设施 PPP 项目落地的影响

从基础设施 PPP 项目的推行背景来看，解决地方政府债务、缓解基础设施供需矛盾、推进基础设施高质量发展，成为三大重要目标。物有所值评价和财政承受能力评价，是运作基础设施 PPP 项目的两大关键变量。在新一轮基础设施 PPP 项目推进早期，制度限制等导致在开展基础设施 PPP 项目之前并未进行两大评价，从而在实践中影响了一些基础设施 PPP 项目落地。随后，通过物有所值评价和财政承受能力评价，缓解了基础设施 PPP 项目的落地难问题。接下来，本书将对地方政府财政承受能力对于基础设施 PPP 项目落地的影响进行理论分析。

三、财政负担对基础设施 PPP 项目落地影响机理

地方政府财政负担轻重，决定了地方政府运作基础设施 PPP 项目的动力。在理论上，存在财政负担促进或抑制基础设施 PPP 项目落地的两种效应，财政负担对基础设施 PPP 项目落地的双重影响效应，见图 2-16。

（一）财政负担对基础设施 PPP 项目落地的促进效应

财政负担对基础设施 PPP 项目落地具有显著的促进效应。具体而言：一是在财政负担下，地方政府更有动力通过基础设施 PPP 项目落地缓解基础设施供需矛盾，推动经济增长，对项目落地的主观意愿加强。二是从实践来看，对一些财政负担较重地区的地方政府而言，为避免政府付费型基础设施 PPP 项目进一步增加地方政府的财政负担，

往往选择可行性缺口补贴模式和使用者付费模式推进基础设施 PPP 项目落地。相比于政府付费项目，该类基础设施 PPP 项目的落地时间更短。三是上级政府的资金激励，为推进基础设施 PPP 项目发展，中央政府和省级政府相继出台奖励政策和补贴政策。在政策驱动下，财政负担较重的地方政府更有助于推进基础设施 PPP 项目落地，通过奖励性资金、补助性资金改善地方政府的财政压力。

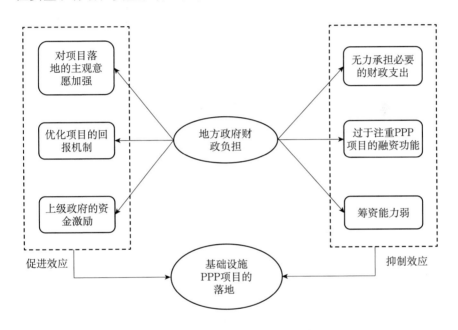

图 2-16　财政负担对基础设施 PPP 项目落地的双重影响效应

资料来源：笔者绘制。

（二）财政负担对基础设施 PPP 项目落地的抑制效应

财政负担可能抑制基础设施 PPP 项目落地。具体而言：一是无力承担必要的财政支出，从而影响基础设施 PPP 项目落地；二是过于注重 PPP 项目的融资功能，从而带来落地难问题；三是地方政府筹资能力弱，加剧了基础设施 PPP 项目落地的难度。从金融机构贷款的考量标准来看，较重的地方政府财政负担会增加信用风险，因此，金融机构对该类贷款持谨慎态度，从而增加了基础设施 PPP 项目的融资难度。此外，对财政负担较重的地区而言，往往缺乏较好的营商环境并且项目具有低收益属性，决定了在招投标过程中难以吸引有效的运营商，造成基础设施 PPP 项目招投标竞争不充分，进而带来基础设施 PPP 项目的落地难风险。

综上所述，财政负担对基础设施 PPP 项目落地既有促进效应又有抑制效应，具有不确定性。结合中国基础设施 PPP 项目经验欠缺的现实，财政负担对基础设施 PPP 项目落地的促进效应可能被抑制效应抵消。

第四节　财政负担对基础设施 PPP 项目落地影响的实证分析

本节将建立财政负担对基础设施 PPP 项目落地影响的实证分析模型，并对于财政负担对基础设施 PPP 项目落地的影响进行基准分析、异质性分析和稳健性检验。

一、财政负担对基础设施 PPP 项目落地影响的研究设计

本节构建计量经济模型，并实证检验财政负担对基础设施 PPP 项目落地的影响效应。鉴于基础设施 PPP 项目落地的影响因素较多，本节在计量模型构建中将选择项目特征和城市发展等变量作为控制变量。

（一）模型构建

本书建立财政负担对基础设施 PPP 项目落地难影响效应的计量经济模型，见式（2-1）：

$$landrate_{it} = \alpha + \beta_1 deficit_{it} + \beta_2 scale_{it} + \beta_3 nx_{it} + \beta_4 second_{it} +$$
$$\beta_5 urban_{it} + \beta_6 pergdp_{it} + \varepsilon_{it} \qquad (2-1)$$

在式（2-1）中，$landrate_{it}$ 表示地区 i 在第 t 年的基础设施 PPP 项

目落地率；$deficit_{it}$ 表示地区 i 在第 t 年的财政负担；$scale_{it}$ 表示地区 i 在第 t 年的基础设施 PPP 项目平均规模；nx_{it} 表示地区 i 在第 t 年的基础设施 PPP 项目平均合作期限；$second_{it}$ 表示地区 i 在第 t 年的第二产业占比；$urban_{it}$ 表示地区 i 在第 t 年的城镇化率；$pergdp_{it}$ 表示地区 i 在第 t 年的人均 GDP；ε_{it} 为残差项。

1. 被解释变量

关于基础设施 PPP 项目"落地率"的衡量指标，主要有两个维度。其一是数量维度，即基础设施 PPP 项目落地数量占基础设施 PPP 项目总数量的比例；其二是金额维度，即基础设施 PPP 项目落地金额占基础设施 PPP 项目总投资金额的比例。目前，学术界对基础设施 PPP 项目落地率的衡量指标研究仍然较少。在既有研究成果中，李学乐（2017）采用每年发起的基础设施 PPP 项目落地金额占该地区 GDP 的比例，衡量基础设施 PPP 项目落地率。一般而言，基础设施 PPP 项目从发起到落地需要经过识别、准备、采购、执行和移交五个阶段，过程持续时间较长。如果以当年基础设施 PPP 项目落地金额占基础设施 PPP 项目总投资金额的比例来衡量基础设施 PPP 项目落地率，将会导致基础设施 PPP 项目落地率的高估或低估。因此，本书选择以当年基础设施 PPP 项目落地金额/（总投资金额 – 已落地基础设施 PPP 项目总金额）×100%，来衡量地区基础设施 PPP 项目落地率。其中，选择当年已签订正式合同的基础设施 PPP 项目投资金额来反映基础设施 PPP 项目的落地金额。该方法能够反映基础设施 PPP 项目的发起时间和运行周期，从而能够较准确地衡量基础设施 PPP 项目的落地率。

2. 核心解释变量

目前，学术界关于财政负担的衡量指标，主要有财政支出与财政收入的差额以及财政收入占财政支出的比重（贾俊雪和郭庆旺，2011）。相比较而言，财政收入占财政支出的比重，更能反映财政负担，并能避免选择财政支出与财政收入的差额所带来的指标不可比问题。但财政收入占财政支出的比重，难以反映财政支出、财政收入与GDP 之间的关系。为了更好地衡量地区财政压力与资金利用效率，本节将选择（财政支出 – 财政收入）/GDP × 100%（即财政赤字比率）来衡量财政负担，更好地揭示财政负担以及财政负担与地区经济增长之间的关系。

3. 控制变量

鉴于项目特征和地区经济发展水平影响基础设施 PPP 项目落地率，为避免遗漏解释变量偏误，本节将选择地区基础设施 PPP 项目的平均规模（scale）和基础设施 PPP 项目的平均合作年限（nx），作为基础设施 PPP 项目特征的衡量指标。同时，选择第二产业占比（second）、城镇化率（urban）和人均 GDP（pergdp）衡量地区经济发展水平。

（1）基础设施 PPP 项目的平均投资规模（scale），选择该项目所在地区基础设施 PPP 项目投资规模与项目数量之比来衡量。一般地，基础设施 PPP 项目的平均投资规模越大，对社会资本的盈利能力及筹资要求越高，政府和社会资本投资越谨慎。因此，基础设施 PPP 项目的平均投资规模与落地率之间呈反向关系。

（2）基础设施 PPP 项目的平均合作年限（nx），选择该项目所在地区基础设施 PPP 项目的合作期限之和与项目数量之比来衡量。一般地，基础设施 PPP 项目的平均合作年限越长，运营期内的不确定性就越大。因此，基础设施 PPP 项目的平均合作年限与项目落地率往往呈现反向关系。

（3）第二产业占比（second），是指该地区第二产业产值与 GDP 的比值。一般而言，第二产业占比越高的地区，需要基础设施建设的支撑力度越强。因此，这些地区的基础设施 PPP 项目数量往往越多，越可能带来较低的项目落地率。

（4）城镇化率（urban），用城镇常住人口数量与该地区全部常住人口数量之比来衡量。一般而言，城镇化水平越高地区的公共服务设施越完善。因此，人均城镇化水平与基础设施 PPP 项目落地率往往呈正向关系。

（5）人均 GDP（pergdp），用地区 GDP 与该地区总人口之比来衡量，该指标能够较好地反映地区经济发展水平。一般地，人均 GDP 越高地区的基础设施 PPP 项目落地率越高。

(二) 数据来源

基础设施包括经济基础设施和社会基础设施（世界银行，1994）。经济基础设施也被称为狭义的基础设施，是指为居民和各经济部门提供的工程构筑、设备、设施等，主要包括电力、管道燃气、电信、供水、环境保护设施和排污系统等公用事业，大坝、灌区等公共工程，以及铁路、城市交通、海港、水运和机场等其他交通基础设施。社会基础设施是指，除经济基础设施之外的其他基础设施，主要包括文教、医疗保健等基础设施。本节的基础设施是指经济基础设施。中华人民共和国财政部政府和社会资本合作（PPP）综合信息平台的行业分类方式与世界银行的行业分类方式存在一定差异，为了尽可能地包含所有基础设施行业，本节将选择财政部 PPP 项目库中市政工程、水利工程以及交通运输三个行业进行研究。

中华人民共和国财政部政府和社会资本合作（PPP）综合信息平台主要涉及入库项目的合作期限、投资金额、出资方、运作模式等项目特征。本书通过网络爬虫方式抓取上述三个行业基础设施 PPP 项目的具体信息，并以行业为单位，匹配 2015～2017 年基础设施 PPP 项目的城市面板数据。除了港澳台地区，北京、天津、上海、重庆 4 个直辖市以及西藏自治区的城市数据以外，选择 252 个城市进行实证研究。其中，基础设施 PPP 项目相关数据来自中华人民共和国财政部政府和社会资本合作（PPP）综合信息平台；城镇化率数据来自各省（区、市）统计年鉴，缺失数据根据各城市统计年鉴以及城市统计公报补全；其他指标数据来自2015～2017 年《中国城市统计年鉴》。

(三) 描述性统计

财政负担对基础设施 PPP 项目落地影响研究的变量描述性统计分析结果，见表 2-2。从所选样本来看，基础设施 PPP 项目落地率年均值为 23.5416%，基础设施 PPP 项目平均规模的平均值为 17.6846 亿元，基础设施 PPP 项目平均合作年限的平均值为 20.4254 年。从财政负担来看，最大值为 123.0653%，平均值为 9.3584%，远高于国际财政赤字警戒线 3.0000% 的水平。这说明，中国地方政府的财政负担普遍偏高。

表 2 - 2 财政负担对基础设施 PPP 项目落地影响研究的变量描述性统计分析结果

变量	含义	单位	平均值	最小值	最大值	资料来源
landrate	基础设施落地率	%	23.5416	0	100	中华人民共和国财政部全国 PPP 综合信息平台
deficit	基础设施财政负担	%	9.3584	-2.6443	123.0653	《中国城市统计年鉴》
scale	基础设施 PPP 项目平均规模	亿元	17.6846	0.5463	207.7400	中华人民共和国财政部全国 PPP 综合信息平台
nx	基础设施 PPP 项目平均合作年限	年	20.4254	10	35	中华人民共和国财政部全国 PPP 综合信息平台
second	第二产业占比	%	46.0538	14.8338	71.4488	《中国城市统计年鉴》
urban	城镇化率	%	54.7708	27.0300	98.7900	各省（区、市）统计年鉴、各城市统计年鉴及城市统计公报
pergdp	人均产值	万元/人	5.3703	1.2163	21.4953	《中国城市统计年鉴》

资料来源：笔者根据《中国城市统计年鉴》《中国财政年鉴》以及政府和社会资本合作（PPP）综合信息平台等相关数据，利用 Stata 15.0 软件计算整理而得。

二、财政负担对基础设施 PPP 项目落地影响的基准研究

鉴于被解释变量的取值范围是介于 0 ~ 1 区间的受限变量，本节将采用 Tobit 模型对于财政负担对基础设施 PPP 项目落地率的影响进行实证研究。为缓解多重共线性给模型结果带来的影响，本节采用逐步回

归方式逐一加入控制变量进行实证分析，财政负担对基础设施 PPP 项目落地率的影响：基准回归结果，见表 2-3。研究表明，平均来看，财政负担在 1% 的显著性水平上抑制了基础设施 PPP 项目的落地率。财政负担每增加 1%，基础设施 PPP 项目落地率降低 0.7643%。一般而言，地方政府的财政负担越重，政府付费项目占比越高，将进一步加剧地方政府的财政负担，从而增加基础设施 PPP 项目的落地难风险。财政负担越重的地方政府越难吸引社会资本参与，从而带来基础设施 PPP 项目的竞争不足问题。政府付费型基础设施 PPP 项目所占比例过高，进一步增加地方政府财政负担，也为基础设施 PPP 项目"落地难"埋下了诸多隐患。

表 2-3 财政负担对基础设施 PPP 项目落地率的影响：基准回归结果

自变量	模型（1）	模型（2）	模型（3）	模型（4）	模型（5）	模型（6）
deficit	-0.9109 ***	-0.9269 ***	-0.9005 ***	-1.0209 ***	-0.8397 ***	-0.7643 ***
	(-3.84)	(-3.90)	(-3.76)	(-4.15)	(-3.03)	(-2.62)
scale		-0.1943 **	-0.1795 **	-0.2114 **	-0.2321 ***	-0.2488 ***
		(-2.40)	(-2.18)	(-2.52)	(-2.72)	(-2.82)
nx			-0.3022	-0.3056	-0.2649	-0.2257
			(-0.87)	(-0.88)	(-0.76)	(-0.64)
second				-0.4530 **	-0.4707 **	-0.4894 **
				(-2.02)	(-2.10)	(-2.17)
urban					0.2287	0.1315
					(1.38)	(0.64)
pergdp						0.7895
						(0.81)
_cons	19.2599 ***	22.7729 ***	28.4232 ***	50.9693 ***	37.2345 **	37.9836 **
	(7.08)	(7.44)	(3.96)	(3.86)	(2.25)	(2.30)
N	716	716	716	716	716	716

注：***、**、*分别表示在 1%、5% 和 10% 的水平上显著，括号内为 t 值。

资料来源：笔者利用 Stata 15.0 软件计算整理而得。

此外，基础设施 PPP 项目平均规模越大，基础设施 PPP 项目的落地率越低。原因在于，规模较大的基础设施 PPP 项目的运作周期较长、投资数额较大，从而增加其落地难的风险。基础设施 PPP 项目合作期限对落地率的影响为负但并不显著，原因可能在于，各地基础设施 PPP 项目的合作期限波动并不明显。而二次产业占比，却显著降低了基础设施 PPP 项目落地率。

三、财政负担对基础设施 PPP 项目落地影响的异质性分析

中国不同区域具有一定差异，也会使财政负担对基础设施 PPP 项目落地的影响呈现出异质性特征。同时，存量基础设施会影响地方政府运作基础设施 PPP 项目的动力和规模。此外，运作基础设施 PPP 项目具有较强的专业性，咨询机构的专业化水平会影响运作基础设施 PPP 项目的主体选择和协议完备性，从而影响基础设施 PPP 项目的落地率。因此，本节将从区域异质性、基础设施发展水平异质性以及咨询机构服务能力异质性三个方面，分析财政负担对基础设施 PPP 项目落地影响效应的异质性特征。

（一）区域异质性

为分析财政负担对基础设施 PPP 项目落地率影响的区域性差异，本节将分别对中国东部地区、中部地区和西部地区三个子样本进行回归分析。财政负担对基础设施 PPP 项目落地率的影响效应：区域异质性视角，见表 2-4。由表可知，财政负担显著降低西部地区基础设施 PPP 项目的落地率，财政负担每增加 1%，西部地区基础设施 PPP 项目落地率降低 1.0878%，而对东部地区和中部地区的影响并不显著。原因在于，中国财政负担较为严重的地区，主要集中在西部欠发达地区，这些地区的市场化程度较低，社会资本进入竞争不够充分，同时，项目运作方式多为政府付费方式或可行性缺口补贴方式。因此，多种因素综合作用增加了财政负担，降低了西部地区基础设施 PPP 项目的落地率。

表 2 - 4   财政负担对基础设施 PPP 项目落地率的
影响效应：区域异质性视角

自变量	东部地区		中部地区		西部地区	
deficit	0.0252	-0.0365	0.0647	0.7346	-1.0878***	-0.9346***
	(0.04)	(-0.05)	(0.12)	(1.08)	(-3.58)	(-2.61)
scale		-0.2299**		-0.1678		-0.1050
		(-2.05)		(-0.65)		(-0.70)
nx		0.8641		-0.4983		-1.1452*
		(1.61)		(-0.71)		(-1.93)
second		-0.4552		-0.5392		-0.2608
		(-1.19)		(-1.11)		(-0.82)
urban		0.0587		-0.5691		0.7317**
		(0.18)		(-1.33)		(2.34)
pergdp		1.1333		6.9701***		-3.2627*
		(0.88)		(2.73)		(-1.94)
_cons	20.1130***	17.3303	9.3017	38.3509	16.1569***	30.2707
	(4.88)	(0.59)	(1.51)	(1.20)	(3.47)	(1.25)
N	254	254	253	253	209	209

注：***、**、*分别表示在 1%、5% 和 10% 的水平上显著，括号内为 t 值。

资料来源：笔者利用 Stata 15.0 软件计算整理而得。

（二）基础设施发展水平异质性

本节将按照基础设施发展水平高低对样本进行分类，并验证财政负担对基础设施 PPP 项目落地率的影响效应：基础设施发展水平异质性，见表 2 - 5。具体而言，选取地区人均基础设施投资额指标衡量地区基础设施发展水平，并按照中位数将其划分为两个子样本进行回归分析。结果表明，对基础设施发展水平处于中位数以下地区而言，财政负担显著降低了基础设施 PPP 项目的落地率。相反地，对基础设施发展水平处于中位数以上地区而言，该效应并不显著。一般而言，基础设施发展水平越低的地区越缺乏 PPP 项目的运作经验，在操作基础设施 PPP 项目过程中，越有可能发生不规范甚至高风险的问题，在财政负担越高的情况下，越有可能增加基础设施 PPP 项目的落地难风险。

表 2 - 5 　　　　　　财政负担对基础设施 PPP 项目落地率的
影响效应：基础设施发展水平异质性

自变量	基础设施发展水平 处于中位数以上地区	基础设施发展水平 处于中位数以下地区
deficit	− 0. 5119	− 0. 6618 *
	(− 1. 09)	(− 1. 71)
scale	− 0. 0996	− 0. 3841 ***
	(− 0. 76)	(− 3. 13)
nx	− 0. 3349	0. 0749
	(− 0. 67)	(0. 16)
second	− 0. 4682	− 0. 6053 *
	(− 1. 56)	(− 1. 67)
urban	− 0. 0575	0. 0535
	(− 0. 21)	(0. 16)
pergdp	− 0. 3754	4. 4491 *
	(− 0. 32)	(1. 96)
_ cons	57. 8777 **	22. 0749
	(2. 56)	(0. 89)
N	363	353

注：*** 、** 、* 分别表示在 1% 、5% 和 10% 的水平上显著，括号内为 t 值。
资料来源：笔者利用 Stata 15. 0 软件计算整理而得。

（三）咨询机构服务能力异质性

咨询机构在基础设施 PPP 项目发起和实施中发挥着重要作用。中国
专业化基础设施 PPP 项目咨询机构，主要分布在北京、上海两地及其分
支机构所在地以及距离两地较近的地区。北京 A 公司和上海 B 公司是中
国基础设施 PPP 项目运作经验非常丰富的专业化咨询公司。财政负担对
基础设施 PPP 项目落地率的影响分析：咨询机构服务能力异质性，见表
2 - 6。表中采用样本城市到这两家公司总部所在城市或拥有这两家咨询
机构分公司城市的最短直线距离，来反映样本城市对基础设施 PPP 项目

咨询服务可获得性的难易程度。通过对样本按照距离中位数进行划分后可知，中位数以上的样本有 359 个，中位数以下的样本有 357 个。本书分别对距离高于中位数和低于中位数的两个子样本进行回归分析，结果表明，距离专业化咨询机构越远的地区，财政负担越显著降低了基础设施 PPP 项目的落地率，即财政负担每增加 1%，PPP 项目落地率会降低 0.8324%。而距离专业化咨询机构越近的地区，咨询机构服务能力对基础设施 PPP 项目落地率的影响越不显著。

表 2-6　　　财政负担对基础设施 PPP 项目落地率的影响分析：
咨询机构服务能力异质性

自变量	距离专业化咨询 机构较远的地区	距离专业化咨询 机构较近的地区
deficit	-0.8324 **	-0.4764
	(-2.12)	(-1.11)
scale	-0.2446 *	-0.2632 **
	(-1.88)	(-2.22)
nx	-1.0353 **	0.4916
	(-2.17)	(0.99)
second	-0.8486 ***	0.1139
	(-3.06)	(0.32)
urban	-0.2295	0.6740 *
	(-0.96)	(1.89)
pergdp	1.9233	-0.5455
	(1.43)	(-0.39)
_cons	87.0982 ***	-31.0048
	(4.21)	(-1.22)
N	359	357

注：***、**、* 分别表示在 1%、5% 和 10% 的水平上显著，括号内为 t 值。
资料来源：笔者利用 Stata 15.0 软件计算整理而得。

由此可见，专业化咨询机构对基础设施 PPP 项目落地难具有显著的降低效应，距离专业化咨询机构越近的地区，越有可能接受优质的专业化服务，从而在规范 PPP 项目运作、社会资本选择、基础设施

PPP 项目合同定制以及回报机制选择等方面被提供专业指导。

四、财政负担对基础设施 PPP 项目落地影响的稳健性检验

进一步地，本节将选择地区基础设施 PPP 项目落地数量占总项目数量的比例，衡量 PPP 项目落地率，并进行逐步回归分析。财政负担对基础设施 PPP 项目落地率的影响：稳健性检验，见表 2－7。由表可知，模型（12）中财政负担前的系数为 －0.7290，财政负担仍然显著降低基础设施 PPP 项目的落地率，本书验证了财政负担对基础设施 PPP 项目的落地率具有显著负向影响结论的稳健性。

表 2－7　　财政负担对基础设施 PPP 项目"落地率"的影响：
稳健性检验

自变量	模型（7）	模型（8）	模型（9）	模型（10）	模型（11）	模型（12）
deficit	－0.8348***	－0.8467***	－0.8201***	－0.9054***	－0.7707***	－0.7290***
	（－3.84）	（－3.89）	（－3.74）	（－4.01）	（－3.04）	（－2.73）
scale		－0.1801**	－0.1651**	－0.1883**	－0.2042***	－0.2136***
		（－2.41）	（－2.17）	（－2.43）	（－2.58）	（－2.63）
nx			－0.3035	－0.3028	－0.2716	－0.2494
			（－0.95）	（－0.95）	（－0.85）	（－0.77）
second				－0.3336	－0.3498*	－0.3612*
				（－1.60）	（－1.67）	（－1.72）
urban					0.1758	0.1187
					（1.14）	（0.62）
pergdp						0.4599
						（0.51）
_cons	20.4145***	23.6543***	29.3286***	45.8201***	35.4229**	35.9352**
	（8.13）	（8.36）	（4.44）	（3.75）	（2.32）	（2.35）
N	719	719	719	719	719	719

注：***、**、*分别表示在 1%、5% 和 10% 的水平上显著，括号内为 t 值。
资料来源：笔者利用 Stata 15.0 软件计算整理而得。

财政负担对基础设施 PPP 项目落地率异质性影响的稳健性检验结果，见表 2－8。检验结果表明，对基础设施发展水平较低的地区而言，财政负担显著降低了 PPP 项目落地率，而对基础设施发展水平较高的

地区而言，该效应并不显著。距离专业化咨询机构较远地区的财政负担对基础设施 PPP 项目落地率具有显著的制约作用。由此可见，财政负担对基础设施 PPP 项目落地率的异质性分析结果是稳健的。

表 2 - 8　　　　　财政负担对基础设施 PPP 项目落地率异质性

影响的稳健性检验结果

自变量	基础设施发展水平处于中位数以上地区	基础设施发展水平处于中位数以下地区	距离专业化咨询机构较远地区	距离专业化咨询机构较近地区
deficit	- 0. 4030	- 0. 6846 *	- 0. 7545 **	- 0. 5428
	(- 0. 98)	(- 1. 84)	(- 2. 11)	(- 1. 39)
scale	- 0. 1332	- 0. 2956 **	- 0. 2629 **	- 0. 1754
	(- 1. 14)	(- 2. 57)	(- 2. 19)	(- 1. 57)
nx	- 0. 2299	- 0. 0747	- 0. 9874 **	0. 4690
	(- 0. 52)	(- 0. 16)	(- 2. 28)	(1. 00)
second	- 0. 4494 *	- 0. 3981	- 0. 7606 ***	0. 2433
	(- 1. 67)	(- 1. 09)	(- 3. 00)	(0. 70)
urban	- 0. 0371	0. 0178	- 0. 2059	0. 4922
	(- 0. 15)	(0. 05)	(- 0. 94)	(1. 43)
pergdp	- 0. 3923	4. 1254 *	1. 4253	- 0. 3667
	(- 0. 37)	(1. 84)	(1. 16)	(- 0. 27)
_ cons	54. 4529 ***	20. 1831	84. 0312 ***	- 26. 1291
	(2. 73)	(0. 84)	(4. 46)	(- 1. 09)
N	365	354	360	359

注：*** 、** 、* 分别表示在 1% 、5% 和 10% 的水平上显著，括号内为 t 值。

资料来源：笔者利用 Stata 15. 0 软件计算整理而得。

综上所述，地方政府财政负担显著降低了基础设施 PPP 项目的落地率并呈现出一定的区域异质性，财政负担对中国西部地区基础设施 PPP 项目的落地率具有显著的抑制作用，但对东部地区和中部地区的影响并不显著。城市基础设施发展水平越低的地区，财政负担越重，基础设施 PPP 项目的落地率越低；距离专业化咨询机构越远的地区，提高专业化咨询机构的服务水平越有助于降低基础设施 PPP 项目落地难的风险。

第五节　财政负担下推动基础设施 PPP 项目落地的政策设计

为有效地规避财政负担下基础设施 PPP 项目落地难的风险，本节将从构建与财政能力相适应的基础设施 PPP 项目推进机制，形成与存量水平相匹配的基础设施 PPP 项目增量机制，建立专业咨询机构全流程参与基础设施 PPP 项目机制等方面提出政策建议，为地方政府或基础设施主管部门推动基础设施 PPP 项目落地提供决策参考。

一、设计适应城市发展水平的基础设施 PPP 项目投资路线

在城市人口数量、城市承载力和城市发展潜力等诸多因素的约束下，虽然理论上存在基础设施的最优投资规模和最优投资结构，但从 2013 年以来中国基础设施 PPP 项目的发展实践来看，呈现出爆发式增长态势，并在运作过程中出现了固定回报或变相固定回报、保底服务量、政府承诺缺失、明股实债、合作与风险共担机制虚化等问题，影响了基础设施 PPP 项目的运作质量。原因在于，基础设施 PPP 项目的投资规模和投资时期在一定程度上偏离了最优投资规模和最适投资时期。因此，亟须形成与城市发展相适应的中国式基础设施 PPP 项目的投资路线。

（一）基于城市特征与空间发展合理确定基础设施投资规模

解决基础设施过度投资问题或投资不足问题，需要从城市特征和未来发展两个维度出发，科学地确定基础设施的投资规模和投资结构。具体而言：一是依据存量人口规模和基础设施配置，明确基础设施的投资顺序；二是从基础设施投资建设或更新改造的适度超前性出发，在专家论证和第三方评估的基础上，有效地确定基础设

施 PPP 项目的投资规模和波动区间；三是从创新、协调、绿色、开放、共享的新发展理念出发，结合本地实际，确定不同类型基础设施的投资扩容空间，优化基础设施 PPP 项目的投资结构；四是从数字经济时代的数据化、平台化、智慧化和动态性出发，建立基础设施 PPP 项目投资动态监测与预警平台，形成基础设施 PPP 项目投资规模与投资结构有效性指数，通过平台和算法耦合，结合城市发展和基础设施投资的实际，适时动态调整基础设施的投资规模和投资结构；五是建立基础设施 PPP 项目投资规模与投资结构评估机制，提升基础设施投资决策水平。

（二）科学谋划并确定新建基础设施 PPP 项目与存量基础设施 PPP 项目市场化运作方式

对基础设施 PPP 项目而言，一般存在政府投资、政府运营的传统模式和 PPP 项目的市场化运作模式两类，是否热衷于通过市场化来推进基础设施投资，是基础设施能否选择 PPP 模式的充分条件。如果地方政府财力有限而又热衷于通过市场化推进基础设施快速建设，那么，市场化将成为地方政府运作基础设施 PPP 项目的重要方式。而在中国推进基础设施 PPP 项目的过程中，PPP 项目已经成为市场化的重要运作方式。PPP 项目的运作模式，决定了基础设施市场化改革的成效。其中，是否具有收益属性，是基础设施能否推行 PPP 项目的重要前提。新建基础设施 PPP 项目可以选择 BOT、BOO 等模式，存量基础设施 PPP 项目可以选择 TOT、委托运营或服务外包等模式。在实践中，需要结合项目特征、城市财力等诸多因素，在具有稳定收益的前提下，合理选择基础设施 PPP 项目的运作模式，避免出现无收益来源项目的"伪 PPP"项目以及收益项目与无收益项目的"打包 PPP"项目等影响基础设施 PPP 项目运作质量的问题。

（三）按照需求层级有序推进基础设施 PPP 项目市场化运作

确定基础设施 PPP 项目市场化运作时序，需要考虑供求关系和人民群众需求的迫切程度。具体而言：一是按照民生波及范围广度和影响深度，并结合本地经济发展实际，建立民生波及范围广度与影响深度的基础设施发展次序选择模型，根据实际数据和近期数据、中长期数据的变动预期，确定各类基础设施供求"剪刀差"，明确各类基础设施优先发展路线图。在此基础上，结合 PPP 项目运作模式的类型、特征和适用对象，匹配基础设施类型与 PPP 项目运作模式，从而形成需求导向的基础设施 PPP 项目市场化运作动态驱动机制，有效地规避不科学决策带来的过度投资问题或投资不足问题。二是在基础设施 PPP 项目的设计过程中，需要根据客观形势变化，对短期计划和中长期计划进行动态调整，形成反映实际的基础设施 PPP 项目运作方案，推动基础设施 PPP 项目高质量发展。

二、完善基础设施 PPP 项目的投资风险评估及其防范机制

基础设施 PPP 项目普遍具有投资周期较长、投资回报率较低、运作期间风险较大等特征，为减轻基础设施 PPP 项目短期内所带来的地方政府投资压力以及长期内政府回购所带来的风险，影响基础设施产品供应或服务供应的稳定性，需要建立并完善基础设施 PPP 项目投资风险评估及其防范机制。

（一）建立基础设施 PPP 项目投资风险预评估机制

为推进基础设施 PPP 项目高质量发展，需要建立基础设施 PPP 项目投资风险预评估机制。具体而言：一是建立基础设施 PPP 项目招投标过程风险预评估机制。招投标的充分竞争性，决定了基础设施 PPP 项目运作主体选择的高质量性，但在现实中，往往存在项目特征偏差以及招投标文件设置偏差等问题，导致社会资本进入动力不足，增加了基础设施 PPP 项目的运作风险。在公平竞争审查的基础上，需要科学评估招投标的文件内容及其程序，形成更具吸引力和竞争性的招投标流程。二是建立基础设施 PPP 项目协议风险评估机制。基础设施

PPP 项目协议约定了地方政府方和社会资本方的权利和义务，因为部分基础设施 PPP 项目协议存在个别不利于地方政府方的条款，所以，在基础设施 PPP 项目运作过程中，出现了部分产品或服务高价低质供应与高价回购等问题。因此，需对基础设施 PPP 项目协议条款中的调价条款、付费条款、质量条款、更新改造条款和退出条款等进行系统评估，以降低基础设施 PPP 项目运作过程中的不可控风险。

（二）形成基础设施 PPP 项目全流程风险监测机制

党的十八大以来，中国政府监管流程由事前审批的以"管"为主的机制转向事前、事中、事后全流程监管的新型机制，不断推进"放管服"改革的纵深发展。对基础设施 PPP 项目而言，有效地防范风险需要建立全流程的风险监测机制。具体而言：一是建立基础设施 PPP 项目全流程风险评价指标体系。基础设施 PPP 项目全流程风险涉及招投标阶段、运营阶段、退出阶段三个阶段的风险。因此，应建立招投标流程、项目协议、运营期协议执行与条件变更、正常退出与非正常退出等反映全流程风险的指标体系，并通过风险分级确定可能的风险以及风险的影响效应；二是建立基础设施 PPP 项目全流程的风险监测平台。在数字经济时代，应建立平台化、智慧化并基于算法的基础设施 PPP 项目全流程风险监测平台，通过一键智慧送达方式将风险预测直接传导到基础设施 PPP 项目主管部门和地方政府基础设施 PPP 项目主管部门，达到科学预测、有效监测基础设施 PPP 项目风险的目的。

（三）构建基础设施 PPP 项目风险防范与预警机制

基础设施 PPP 项目主管部门应强化基础设施 PPP 项目的风险防范机制，通过"风险—解决方案"的一站式菜单平台，有效地防范基础设施 PPP 项目风险，科学地预防并及时解决基础设施 PPP 项目全生命周期的可能风险点。同时，通过算法模型对基础设施 PPP 项目的风险进行有效预警。具体而言：一是建立招投标阶段、运营阶段、退出阶段三阶段风险菜单与风险防范菜单，为地方政府规避基础设施 PPP 项目风险提供可以选择的有效风险防范方案；二是综合考虑招标阶段、运营阶段、退出阶段基础设施 PPP 项目风险的表现形式，通过德尔菲法等专家咨询方法对该领域专家进行访谈并评估不同风险等级及其影响。在此基础上，按照高风险、中风险和无风险设置基础设施 PPP 项目风险红灯区、风险黄灯区和风险绿灯区，并实行差异化预警机制。其中，重点关注风险红灯区和风险黄灯区对基础设施 PPP 项目的影响。

三、深化基础设施 PPP 项目离任审计制度与终身负责机制

在现实中，部分地方政府官员缺乏必要的基础设施 PPP 项目运作理论、业务能力以及契约精神，在一定程度上导致基础设施 PPP 项目过度投资和不合理的投资结构。目前，在一些领域运用了离任审计制度和终身负责机制，但在基础设施 PPP 项目中的应用相对较少。为了推动基础设施 PPP 项目的高效投资，形成合理的基础设施投资规模和投资结构，需要有效地约束地方政府官员的行为，深化基础设施 PPP 项目的离任审计制度与终身负责机制。

（一）优化基础设施 PPP 项目离任审计制度

对政府官员离任审计的重点，是任期内财政收支、财务收支的真实性和合法性，任期内国有资产管理情况以及债权、债务情况，任期内预算外资金的收入、管理和使用情况，任期内执行和遵守国家财经纪律情况，任期内配发的办公用品清理移交情况，以及其他需要审计的事项。目前，针对基础设施 PPP 项目如何进行离任审计还比较模糊，一些地区甚至仍未建立基础设施 PPP 项目的离任审计制度。对是否应该推行基础设施 PPP 项目、PPP 项目投资规模、PPP 项目模式选择、PPP 项目协议评估等内容，缺乏必要的离任审计。因此，基础设施 PPP 项目行业主管部门官员离任时，地方政府应该对招投标过程、项目协

议、项目投资情况、项目运营模式、项目运行监管等进行审计，有效地约束地方政府官员行为，规避地方政府官员对基础设施 PPP 项目进行过度投资或无效投资以及投资结构错配的行为。

（二）建立基础设施 PPP 项目终身负责机制

2013 年 7 月，中共中央政法委员会出台了《关于切实防止冤假错案的指导意见》。2015 年 3 月，公安部印发《关于贯彻党的十八届四中全会精神深化执法规范化建设全面建设法治公安的决定》，自然资源部办公厅印发的《关于加强国土空间规划监督管理的通知》。2019 年，住房和城乡建设部、国家发展和改革委员会联合印发《房屋建筑和市政基础设施项目工程总承包管理办法》。虽然中国在一些领域出台了相关制度，对一些情形实行终身负责制，但目前尚未将终身负责制引入基础设施 PPP 项目。本书认为，有效地解决地方政府过度推动基础设施 PPP 项目投资问题，需要形成基础设施 PPP 项目的终身负责机制。在本书中，基础设施 PPP 项目终身负责机制是指，从基础设施 PPP 项目运作全产业链出发，要求基础设施行业 PPP 项目主管部门的官员对其招投标、设计、建设、运营、移交、价格监管、质量监管等领域实行终身负责制，直至该项目到期移交或因不可抗力等退出为止。

四、构建与财政能力相适应的基础设施 PPP 项目推进机制

基础设施 PPP 项目的运作决策、项目规模以及模式选择，需要与地方政府的财政能力相适应，需要精准预测财政能力和项目运作期内政府的投资计划，评估基础设施 PPP 项目的财政承受能力，构建财政承受能力下基础设施 PPP 项目的选择机制。

（一）精准预测财政承受能力和项目运作期内政府投资

地方政府财政承受能力对基础设施 PPP 项目落地具有显著的影响。

如何基于地方政府财政实际能力推进基础设施 PPP 项目运作、优化选择基础设施 PPP 项目的运作模式，对推进其落地具有重要作用。具体而言：一是以地方政府财政能力为基础，合理估算短期地方政府财政能力、中期地方政府财政能力和长期地方政府财政能力；二是基于经济发展预期、城市人口预期和基础设施存量等因素，预测短期基础设施增量路线图、中期基础设施增量路线图和长期基础设施增量路线图；三是在测算短期地方政府财政能力范围、中期地方政府财政能力范围和长期地方政府财政能力范围的基础上，估算基础设施 PPP 项目在短期地方政府投资总额、中期地方政府投资总额和长期地方政府投资总额，明确不同阶段基础设施 PPP 项目种类和运营模式。

此外，对地方政府财政承受能力的预测以及基础设施 PPP 项目运作期内的政府投资，需要以政府目标为前提。通过上述框架并结合地区经济发展实际，可精准预测地方政府的财政能力和基础设施 PPP 项目运作期内的政府投资额度，为降低基础设施 PPP 项目运作期内地方政府的投资压力，规避地方政府债务风险提供政策保障。

（二）科学评估基础设施 PPP 项目的财政能力

物有所值评价和财政承受能力评价，是决定能否运作基础设施 PPP 项目的重要前提。基础设施具有典型的投资数额较大的特征，现实中地方政府往往会推进大额基础设施项目上马，从而加重地方政府的财政压力。2017 年以来，各级政府非常重视财政承受能力评价，但现实中一般基础设施 PPP 项目的运作周期较长，难以科学、准确地判定项目运作期内政府财政能力的变化，在一定程度上增加地方政府的风险。因此，需要从全生命周期视角，科学地评估基础设施 PPP 项目的财政承受能力。具体而言：一是根据产业特征、《中共中央关于制定国民经济和社会发展第十四个五年规划和二〇三五年远景目标的建设》，测算出基础设施投资总规模，估算地方政府基础设施 PPP 项目年度支出总额；二是依据历史上的财政收入数据和产业发展数据，测算"十四五"时期财政收入总额；三是科学地评估年度财政支出与年度财政收入预期值的"剪刀差",形成科学的基础设施 PPP 项目财政能力评估框架，并进行有效预测。

（三）构建充分考虑财政压力下的基础设施 PPP 项目选择机制

构建充分考虑财政压力下的基础设施 PPP 项目选择机制，其核心是评估基础设施 PPP 项目选择与地区经济社会发展的匹配度，论证基础设施 PPP 项目运作的必要性。具体而言：一是限制基础设施 PPP 项目超前运作，建立与城市发展规律相适应的基础设施 PPP 项目阶段性推进方案。各级政府应根据地方实际，设计符合地区发展实际的基础设施 PPP 项目渐进式推进方案，因地制宜、循序渐进地推进基础设施 PPP 项目，避免落地难和"伪 PPP"项目的爆发式增长。二是在充分考虑城市特征的基础上，明确必要性基础设施 PPP 项目运作模式选择原则，即政府付费项目、使用者付费项目、可行性缺口补助项目的运作机制。其中，对财政负担较重地区而言，应限制以融资为目的的基础设施 PPP 项目上马，有效地防范基础设施 PPP 项目运作过程中过度选择政府付费项目。三是中央政府应对地方政府推进基础设施 PPP 项目的运作模式进行有效监督，将"重投资"的发展模式转向"重效率"的发展模式，通过国家示范项目强化基础设施 PPP 项目运作流程的规范化。

五、形成与存量水平相匹配的基础设施 PPP 项目增量机制

能否形成与存量水平相匹配的基础设施 PPP 项目增量机制，直接决定着基础设施 PPP 项目的落地率。因此，需要系统评估基础设施 PPP 项目的阶段性需求，科学测算基础设施 PPP 项目的供需"剪刀差"，建立存量项目基本现状与目标相适应发展双轮驱动的增量项目选择机制，保障基础设施 PPP 项目增量选择机制的前瞻性与科学性。

（一）系统评估基础设施 PPP 项目的阶段性需求

在中国基础设施快速发展的过程中，普遍存在"重地上、轻地下"问题，地下基础设施底数不清、统筹协调不足以及运行管理不到位等问题，城市道路塌陷等事故时有发生。因此，中华人民共和国住房和城乡建设部于 2020 年出台了《关于加强城市地下市政基础设施建设的指导意见》。当前，亟须系统评估基础设施 PPP 项目需求，建立地上基础设施与地下基础设施协同发展机制，补齐地下基础设施发展短板。具体而言：一是系统推进城市地下市政基础设施普查工作，确定城市地下市政基础设施更新改造与新建物理设施以及数字平台设施需求，明确将地下市政基础设施更新改造和地下公共停车场、地下综合管廊等具有收费属性的地下基础设施投资作为重要的投资方向；二是围绕城市人口规划、城市设施升级、城市有机更新，科学预测并形成地上基础设施投资需求确立机制，防止地上基础设施投资过程中出现过度需求或无效需求；三是依据阶段性基础设施供应实际，建立基础设施 PPP 项目需求纠偏机制，防止根据"固化式"的基础设施 PPP 项目需求方案进行投资决策所带来的投资过度问题或投资偏差问题。

（二）科学测算基础设施 PPP 项目的供需"剪刀差"

建立以需求为导向、有效平衡供需关系的基础设施 PPP 项目发展机制，重点是如何科学测算基础设施 PPP 项目的供需"剪刀差"。因此，需要分阶段评估基础设施存量项目并定期更新数据信息。在此基础上，依据基础设施 PPP 项目的阶段性需求，确定基础设施 PPP 项目的供需"剪刀差"。具体而言：一是以地市政府为决策单元，基于系统思维、整体理念建立存量基础设施评估框架，明确各类基础设施的空间特征与分布格局，确定城市中心区、城市副中心区和城市组团等基础设施存量，从而框架性地确立基础设施空间布局短板、存量配置短板；二是基于系统评估基础设施 PPP 项目的阶段性需求，结合存量基础设施 PPP 项目数据，分阶段、分区域地确定各类基础设施 PPP 项目供需"剪刀差"与优先发展级；三是随着城镇化进程的推进和城市有机更新的快速推进，需要形成适度超前型基础设施投资机制，但需防范由此所带来的实际过度投资问题。在此基础上，通过科学谋划，运用前瞻思维，建立科学的基础设施 PPP 项目供需"剪刀差"测算机制。

（三）建立存量项目与发展驱动的增量项目选择机制

不同类型基础设施 PPP 项目的发展，具有一定互补性。因此，需要以基础设施 PPP 存量项目为基础，建立城市发展空间增量的基础设施 PPP 项目选择机制。从实践来看，不同类型的基础设施 PPP 项目的监管机构往往不同，增加了基础设施数据信息共享的交易成本。因此，需要打通信息堵点，建立联通各类基础设施 PPP 模式的存量项目与发展驱动增量项目的项目选择机制。具体而言：一是共享各类基础设施数据，通过数据交汇与共享，为基础设施 PPP 项目决策提供数据支撑；二是借助各类基础设施的数据共享机制，建立不同基础设施存量数据之间关联性的系统决策模型，通过构建算法提高基础设施增量 PPP 项目决策的科学性，明确基于存量数据和发展驱动的各类基础设施增量 PPP 项目总规模、空间分布与项目清单，通过基础设施增量决策"一张图"的动态推演，提升基础设施 PPP 项目选择的科学性，降低基础设施 PPP 项目落地难的风险；三是建立健全与实际需求和未来预期相适应的动态基础设施增量项目更新决策机制，基于基础设施 PPP 存量项目和发展驱动，利用算法建立基础设施 PPP 增量项目选择机制。同时，算法需要结合实际进行迭代升级，从而形成更符合现实需求的基础设施增量项目科学决策机制。

六、建立专业咨询机构全流程参与基础设施 PPP 项目机制

基础设施 PPP 项目运作是一项极具复杂性和专业性的工作，基础设施 PPP 项目规范运作直接影响着基础设施 PPP 项目的落地率及其运

作质量。因此，需要搭建中国基础设施 PPP 项目的专业咨询机构数据平台，建立基础设施 PPP 项目的专业咨询机构评价指标体系，形成基础设施 PPP 项目的专业咨询机构项目评估机制，通过建立专业咨询机构全流程参与基础设施 PPP 项目机制，提升基础设施 PPP 项目的落地率。

（一）搭建中国基础设施专业咨询机构数据平台

目前，我国的一些省（区、市）发布了 PPP 项目咨询服务名单。2018 年，江西省财政厅发布《关于公布 PPP 项目咨询服务机构和专家入库名单的通知》，评审出 105 家符合入库条件的咨询服务机构。其中，综合类咨询服务机构 61 家，专业类咨询服务机构 44 家。山西省运城市发布了咨询服务机构入库名单。在建设全国统一大市场的背景下，目前，还缺乏全国 PPP 项目咨询服务机构名单数据库，这增加了地方政府选择基础设施 PPP 项目专业咨询服务机构的难度，增加了基础设施 PPP 项目落地难的风险。因此，亟须搭建中国基础设施 PPP 项目专业咨询机构数据平台。具体而言：一是借助中国工商企业数据库、天眼查、企查查和信用中国等数据库资源，确定以 PPP 项目作为主要咨询服务项目的专业咨询机构名单；二是搭建中国基础设施 PPP 项目专业咨询服务机构数据平台，并按照咨询服务机构服务区域、服务类型、服务口碑和服务数量等菜单栏，形成可供地方政府选择的专业化基础设施 PPP 项目咨询服务机构数据服务平台；三是建立基础设施 PPP 项目专业咨询服务机构的项目动态更新机制，改变长期以来各类数字化平台信息过时、数据库瘫痪、决策机制缺失等低数字化问题。综上所述，通过"构建菜单栏、搭建数据库、建立动态更新机制"三个环节，搭建平台化、可展示、可遴选的基础设施专业咨询服务机构数据平台。

（二）建立基础设施专业咨询服务机构评价指标体系

在搭建中国基础设施专业咨询服务机构数据平台的基础上，为有效甄别专业咨询服务机构的服务能力，需要建立基础设施专业咨询服务机构的评价指标体系，从而有助于地方政府或基础设施行业主管部门根据基础设施行业属性、基础设施 PPP 项目运作模式、基础设施 PPP 项目规模以及基础设施 PPP 项目运作经验等要素，遴选出更优质的基础设施专业咨询服务机构。具体而言：一是基础设施专业咨询服务机构评价指标体系，需要综合考虑服务区域范围、服务行业范围、咨询服务机构专业人员数量、咨询服务机构平均咨询服务时长、咨询服务机构成立时间、咨询机构分公司数量、咨询服务机构服务项目数量与服务项目规模、咨询服务机构服务口碑或社会满意度以及咨询服务机构咨询服务收费标准等因素；二是在上述各类因素的基础上，从服务行业范围与服务区域范围、服务满意程度、服务收费标准、咨询服务机构基本信息等方面，构建评价基础设施专业服务咨询机构的四个子指数；三是运用综合评价方法，将四个子指数合成基础设施专业服务咨询机构评价指标体系综合指数；四是借助中国基础设施专业咨询服务机构数据平台，系统呈现各类子指数、综合指数下基础设施专业咨询服务机构评分，为地方政府或基础设施 PPP 项目主管部门运作 PPP 项目时选择专业咨询服务机构提供决策参考。

（三）形成基础设施专业咨询服务机构动态调整机制

在全国统一大市场下，为提升基础设施 PPP 项目咨询的专业化水平，需要对基础设施专业咨询服务机构设置动态调整机制。具体而言：一是建立基础设施专业咨询服务机构黑名单制度，当基础设施专业咨询服务机构提供咨询服务时，如果项目运作失败并造成严重社会影响，可将其列入黑名单并规定 5 年或 10 年内不得进入基础设施专业咨询服务机构数据平台；二是根据基础设施专业咨询服务机构所提供的咨询服务情况，设置基础设施专业咨询服务机构评价等级和红黄绿三个预警区域，通过评价等级和预警区域的设置，构建基础设施专业咨询服务机构的良性竞争格局，不断激励基础设施专业咨询服务机构提高服务专业化水平，实现基础设施专业咨询服务机构的优胜劣汰；三是通过算法自主学习，建立基础设施专业咨询服务机构负面消息动态搜寻机制，并在中国基础设施专业咨询服务机构数据平台设置曝光栏，提高对基础设施专业咨询服务机构的威慑力。在此基础上，地方政府或基础设施主管部门应通过招投标方式或竞争性谈判方式，并参照中国基础设施专业咨询服务机构的数据，优化选择专业咨询服务机构，从而提高基础设施 PPP 项目运作的规范性，降低基础设施 PPP 项目落地难的风险。

第三章 市场化改革与基础设施 PPP 项目高质量发展

推进基础设施 PPP 项目高质量发展，需要营造公平竞争的市场环境，不断扩大基础设施市场化改革的广度和深度，提升基础设施市场化改革的质量。本章将总结基础设施市场化改革的主要特征，梳理基础设施市场化改革的发展历程，明确基础设施市场化改革的基本导向，在此基础上，提出市场化改革下典型基础设施 PPP 项目高质量发展路径。

第一节 基础设施市场化改革的主要特征

中国正处于建设全国统一大市场、畅通国内国际双循环、推动经济高质量发展的重要时期，这些背景为深化基础设施市场化改革提供了重要的发展方向。其中，平衡产业政策和竞争政策之间的关系，强化竞争政策的基础性地位，不断深化业务重组改革，推进基础设施价格市场化改革，推动基础设施数字化监管改革，成为中国基础设施市场化改革的主要特征。

一、强化竞争政策的基础性地位

长期以来，中国在基础设施领域实行的产业政策，推动了基础设施的快速发展。党的十八大以来，越发强调竞争政策的基础性地位。

在基础设施 PPP 项目推进过程中,行业监管部门重视准入阶段的充分竞争,改变了长期以来由事业单位运营的传统模式,形成了城投公司下属各企业集团、其他国有企业、民营企业、港澳台资企业、外资企业等多元主体运营的格局。实践中,产业政策思维在一定程度上带来了行政垄断行为以及滥用市场支配地位行为①,并将这种市场势力传导到竞争性业务或竞争领域等问题。具体表现为:在市场准入环节和市场退出环节,部分政府部门设置不合理的或者歧视性的市场准入条件和市场退出条件,未经公平竞争或直接指定基础设施 PPP 项目运行主体,滥用垄断性业务市场支配地位,限定经营、购买、使用特定经营者提供的商品或服务,设置法律、行政法规或者国务院规定以外的审批程序或者具有行政审批性质的事前备案程序,以及对市场准入负面清单以外的行业、领域以及业务等设置审批程序。此外,设置不合理的招投标条件,限制外地企业招投标活动,对非本地商品或非某种产权性质的企业实行歧视性价格或歧视性补贴等。

畅通国内大循环、建设全国统一大市场,需要强化竞争政策的基础性作用。在深入推进基础设施市场化改革过程中,建立设计、准入、施工、运营、退出全链条的公平竞争规则,遏制长期以来在基础设施领域形成的竞争非中性问题以及一系列行政垄断问题,通过公平竞争审查,改善营商环境,为基础设施 PPP 项目高质量发展提供制度保障。

二、不断深化业务拆分重组改革

基于专业化和分工理论,推动基础设施高质量发展的核心,是厘清主要业务与辅助性业务和竞争性业务与垄断性业务之间的边界。但

---

① 《中华人民共和国反垄断法》第三章第二十二条对滥用市场支配地位的行为进行界定,即,以不公平的高价销售商品或者以不公平的低价购买商品;没有正当理由,以低于成本的价格销售商品;没有正当理由,拒绝与交易相对人进行交易;没有正当理由,限定交易相对人只能与其进行交易或者只能与其指定的经营者进行交易;没有正当理由搭售商品,或者在交易时附加其他不合理的交易条件;没有正当理由,对条件相同的交易相对人在交易价格等交易条件上实行差别待遇;国务院反垄断执法机构认定的其他滥用市场支配地位的行为。

从基础设施发展实践来看，主要业务和辅助性业务分离尚不够彻底，以垄断性业务为核心的基础设施运行企业仍然承接竞争性业务，并通过主要业务和辅助性业务、垄断性业务和竞争性业务之间交叉补贴，维系主要业务和垄断性业务发展，并在一定程度上存在将主要业务或垄断性业务的市场支配地位传导到辅助性业务领域或竞争性业务领域，从而导致不公平竞争问题，在一定程度上限制了基础设施的高质量发展。因此，进一步推动主要业务和辅助性业务分拆、竞争性业务和垄断性业务分离，成为深化基础设施市场化改革的一项重要任务。

基础设施 PPP 项目主要针对具有收益属性的主要业务或垄断性业务，而对辅助性业务或竞争性业务而言，该类业务属性并非一定由政府提供，且不具备自然垄断属性。因此，辅助性业务或竞争性业务可由市场自由竞争决定，并非以政府为主体推进基础设施 PPP 项目运作。在实践过程中，应当重点关注具有垄断性特征的主要业务，而对具有竞争性特征的辅助性业务不宜单独或与其他业务捆绑进行 PPP 项目运作。因此，基础设施市场化改革的重点，是拆分竞争性业务和垄断性业务以及分离主要业务和辅助性业务，提高基础设施市场化改革的运作质量，推进基础设施 PPP 项目的高质量发展。

三、推进基础设施价格的市场化

价格机制是市场经济的核心，形成与数字化改革、"双碳"目标相适应的基础设施市场化价格体系，有助于推动基础设施的高质量发展。从中国基础设施价格形成机制来看，由传统的福利型定价逐步转向商品型定价。其中，市场化改革推动了基础设施的产品价格或服务价格由单一价格向阶梯价格转变，由成本加成定价机制向激励性价格上限监管机制转变，由单一价格向峰谷价格转变，由固定价格向市场需求决定的动态价格转变。这些定价机制的转变，核心是让基础设施产品价格或基础设施服务价格更好地反映成本并具有激励性，定价机制的转变应当同时考虑供需关系，形成与中国特色社会主义市场经济相适应的基础设施产品价格体系或基础设施服务价格体系。从中国基础设施价格改革实践来看，对一些收益性较差、福利性较强的行业，仍然存在推行福利价格、基础设施产品价格或服务价格调整难、缺乏有效的价格指导机制等问题，在一定程度上加大了基础设施高质量发展的风险。

在推进基础设施高质量发展过程中，需要转变以成本加成定价为特征的传统定价机制与调价机制，建立以成本为参照但具有激励基础设施发展的可激励性定价机制与调价机制。换而言之，高质量发展背景下的基础设施价格形成机制，需要以降低基础设施成本、提高基础设施运行效率和服务水平为特征，通过质量调节系数或效率调节系数，推动基础设施产品或服务高质量发展。

四、推动基础设施监管数字化

数字化改革与数字政府建设，是推动中国基础设施高质量发展的重要变革。基础设施监管数字化，需要以数据、智能、平台和动态为特征，在提升政府监管效能和推动政府监管现代化改革的背景下，需要运用大数据、互联网、区块链、云计算、边缘计算以及 5G 等数字技术，借助数字化的数据思维、系统思维和整体思维理念，建立基础设施数字化监管平台，形成"一屏"展示数据信息、内核数据分析功能，智慧化运作和评估基础设施 PPP 项目是否推进、如何推进，并对推进效能进行评价，从而在基础设施 PPP 项目运作全流程实现智慧化监管。

从基础设施政府监管实践来看，应用数字化一站式平台的"驾驶舱"模式对基础设施实施监管尚处于起步阶段，虽然部分地区实现了一数多源与数据平台整合，但应用大数据进行基础设施 PPP 项目全流程监管尚比较罕见，"重地上、轻地下"的基础设施发展格局并未从根本上转变，制约了数字经济时代中国基础设施监管方式的系统性变革。政府监管数字化改革，是提升基础设施政府监管效能的重要路径。因此，需要对传统政府监管进行系统重构，依靠大数据和智能算法实现基础设施政府监管的数字化变革。

第二节　典型基础设施市场化改革的发展历程

基础设施涉及多个行业，不同行业市场化改革的发展历程既有共性又有差异。鉴于城市供水、污水处理、管道燃气、城市集中供热、轨道交通等行业是基础设施中的重要民生类行业，且在基础设施中的占比较大，因此，本节将对上述 5 个行业市场化改革的发展历程进行分析。

一、城市供水行业市场化改革的发展历程

中国城市供水行业市场化改革主要经历了四个阶段。即，第一阶段（20 世纪 80 年代末期到 90 年代中期）以招商引资为代表，以获取政府间贷款或国际金融组织贷款为特征的投资改革阶段；第二阶段（20 世纪 90 年代中期到 2001 年）以建设—运营—移交（BDT）为特许经营模式，以外资进入获取固定回报形式为特征的建设与运营阶段；第三阶段（2002～2012 年）是城市供水行业市场化改革的新阶段；第四阶段（2013 年至今）通过水质改革、价格改革、进入监管改革以及反垄断监管，推动城市供水行业高质量发展阶段。

本书从监管主体、进入监管改革、价格监管改革、质量监管改革四个方面，对城市供水行业市场化改革进行分析。具体而言：

一是监管主体，城市供水行业建立了国家、省（区、市）、城市、县城四级纵向监管体制，以及涉及建设、水利、环保、卫生等主要行业主管部门参与的横向监管的网格化监管格局。

二是进入监管改革。目前，多数城市供水企业的自然垄断业务由城投公司或事业单位运营。在"厂—网—河（湖）"一体化的背景下，厂、网、河（湖）等全面市场化改革正在推进。在进入监管的产权类

型上，地方政府出于安全考虑，对国有企业更加偏好，一些项目甚至存在根据国有企业特征设置特殊性条件的情况。同时，在部分城市供水 PPP 项目中，存在搭售、附加不合理条件等滥用市场支配地位行为。

三是价格监管改革，城市供水行业价格改革经历了"包费制"阶段、按量收费阶段、成本部分回收阶段以及全成本水价改革阶段。目前，居民用水实行"阶梯式计量"水价，非居民用水实行"两部制"水价，缺乏按商品定价原则制定水价以及形成与市场经济和城市供水行业技术经济特征相匹配的定价机制与调价机制。

四是质量监管改革，为强化城市供水行业监督管理，中国建立了国家和地方两级城市供水监测网，以及住房和城乡建设部水质中心、国家站和地方站的监测结构体系，实施"企业自检、行业监测、政府监督"相结合的城市供水质量管理制度。

二、污水处理行业市场化改革发展历程

目前，城市污水处理行业已形成投资主体多元化、资金来源多渠道、投资方式多样化、建设运营市场化的格局，广泛应用 BOT、TOT、ROT 等 PPP 项目模式进行运作。下面，从监管主体、监管框架、进入监管改革、价格监管改革、质量监管改革五方面，对城市污水处理行业市场化改革进行分析。

一是监管主体。

住房和城乡建设部指导监督全国城镇污水处理工作，价格、环境、卫生等由发展和改革委员会、生态环境部门、卫生部门负责监管。各省（区、市）城镇污水处理行业监管机构大多归属于各省（区、市）住房和城乡建设部门，北京市、天津市、上海市、海南省由其水务局（厅）负责。绝大多数地级市设置在住建部门，少数设置在水利部门、环保部门，极少数由地级市政府直管、国有资产监督管理委员会、发展和改革委员会等多部门混合管理。从横向监管机构体系看，涉及建设、环保、水利、卫生、国资、财政等监管主体。在建设与运营监管

两个环节，呈现出建设和管理分离模式、监管合一模式。同时，部分地区的建设和管理分离模式由水利部门等其他非建设部门进行管理，该模式造成了上下监管机构不一致，增加了不同部门之间的协调成本，降低了政府监管效能。

二是监管框架。

产权改革、竞争改革与监管改革，是城市污水处理行业市场化的核心。其一，允许外资企业和民营企业参与城市污水处理 PPP 项目竞标，实现投资主体多元化；其二，推进城市污水处理企业改革，建立现代企业制度；其三，转变政府职能，从管行业到管市场，从对企业负责到对公众负责，实现政府监管体制转变。

三是进入监管改革。

城市污水处理行业进入监管改革，经历了探索发展阶段（20 世纪 90 年代中期至 2004 年）、规范扩张阶段（2005～2012 年）和依法改革阶段（2013 年至今）。2013 年，国务院颁布了《城镇排水与污水处理条例》，明确了"国家鼓励实施城镇污水处理特许经营制度"①。随后，财政部、国家发展和改革委员会、住房和城乡建设部等部门多次联合发文，推进污水处理领域 PPP 项目建设，从而加快了社会资本进入城市污水处理行业的市场化改革进程。

四是价格监管改革。

城市污水处理行业价格监管，经历了福利供给、排水有偿使用费和污染处理费的变迁过程。《城镇排水与污水处理条例》，确立了污水处理收费制度。2015 年发布《关于制定和调整污水处理收费标准等有关问题的通知》后，全国各城市基本上开征污水处理费，污水处理费未达到文件规定的城市纷纷启动调价机制。② 2016 年底，《"十三五"

---

① 《城镇排水与污水处理条例》，2013 年 10 月 2 日，http：//www. gov. cn/flfg/2013 - 10/16/content_ 2508291. htm。

② 中华人民共和国发展和改革委员会、中华人民共和国财政部、中华人民共和国住房和城乡建设部：《关于制定和调整污水处理收费标准等有关问题的通知》，2015 年 1 月 12 日，http：//www. gov. cn/zhuanti/2016 - 05/22/content_5075616. htm。

全国城镇污水处理及再生利用设施建设规划》出台，明确指出按照"污染付费、公平负担、补偿成本、合理盈利"的原则制定和调整城镇污水处理费。[①] 2018 年，中华人民共和国发展和改革委员会印发《关于创新和完善促进绿色发展价格机制的意见》，重点关注污水处理费的动态调整、污水处理按照实际效果付费和差别化收费等问题。[②]

五是质量监管改革。

建立和完善城市污水处理行业标准体系，由一级 B 标准提高到一级 A 标准，浙江省等部分省（区、市）推行城镇污水处理清洁排放标准。同时，城市污水处理行业建立了质量监控体系，通过安装在线监测设备，建立了覆盖全国的城镇污水处理管理信息平台以及生态环境部门的污水处理厂出水在线监测系统，形成了以日常检测、不定期抽查、定期评估和专项调查相结合的监测检查制度。此外，浙江省、江苏省、陕西省等还建立了"数量与质量相结合"的城市污水处理考核体系。

三、管道燃气行业市场化改革发展历程

管道燃气行业包括上游勘探生产、中游运输和下游分销三个环节。上游勘探生产主要指，天然气的勘探、开发、加工和贸易，相关资源集中在中石油、中石化和中海油，上游勘探生产还包括液化天然气（LNG）海外进口部分。目前，中国 LNG 接收站集中在中海油等国有综合油气公司。此外，深圳燃气、广汇能源、新奥集团等企业也拥有一定规模的 LNG 接收站。[③] 中游运输包括通过国家管网公司运输管道、省级运输管道、LNG 运输船和 LNG 运输车等方式进行运输。下游分销

---

① 中华人民共和国发展和改革委员会、中华人民共和国住房和城乡建设部：《"十三五"全国城镇污水处理及再生水利用设施建设规划》，2016 年 12 月 31 日，http：//www.gov.cn/xinwen/2017-01/23/content_5162482.htm。

② 中华人民共和国发展和改革委员会：《关于创新和完善促进绿色发展价格机制的意见》，2018 年 6 月 21 日，http：//www.gov.cn/xinwen/2018-07/02/content_5302737.htm。

③ 国家能源局：《中国天然气发展报告（2022）》，2022 年 8 月 19 日，https：//t.ynet.cn/baijia/33238949.html。

主要由燃气公司进行，除燃气分销以外，燃气公司主要业务还包括燃气接驳、燃气运营和燃气设备代销等。2020 年，中国天然气体制改革进程加快，上游油气资源多主体多渠道供应、中游由国家管网公司负责运输、下游分销市场充分竞争的"X + 1 + X"油气市场新体系基本确立。天然气行业上游部分市场逐步开放，中游环节国家管网资产交割基本完成，下游环节价格政策进一步完善，交易中心建设持续推进。下面，将从监管主体、监管框架、进入监管改革以及价格监管改革四方面，对管道燃气行业市场化改革进行分析。

一是监管主体。

管道燃气采用国家与地方分级监管模式，纵向上由中华人民共和国住房和城乡建设部、各地级住房和城乡建设部门负责管道燃气监管工作，横向上分散在不同部委，如油气勘探、开采、审批职责在自然资源部，油气管网设施公平开放监管职责在国家能源局及其派出机构，天然气价格监管职责在各地发展和改革委员会，燃气管网监管职责在各地住房和城乡建设部门。此外，中国城市燃气协会协助政府部门进行行业管理。

二是监管框架。

随着市场化改革的不断推进，管道燃气行业的政府监管目标、政府监管内容以及政府监管手段等在不断变化。在竞争性市场条件下，管道燃气行业政府监管机制，主要包括监管权力的合理配置机制、监管目标的正确选择机制、监管手段的灵活运行机制以及争端的有效解决机制等。

三是进入监管改革。

在生产环节，上游勘探开发领域主要通过放松进入监管来引入竞争机制。[①] 在管道燃气管网进入环节，油气管网设施建设、油气管网设施运营主要集中在三大国有石油公司等大型央企，主干油气管网处于垄

---

① 2017 年国务院印发《关于深化石油天然气体制改革的若干意见》，允许符合准入要求并获得资质的市场主体参与常规油气勘探开采，放松了天然气上游环节的进入门槛，促进了民营企业和外资企业进入此领域，在一定程度上提高了天然气上游环节的生产效率。

断经营状态。2019 年，国家发展和改革委员会、国家能源局、住房和城乡建设部和国家市场监督管理总局四部委联合发布《油气管网设施公平开放监管办法》，要求油气管道、液化天然气接收站、地下储气库等油气基础设施打破垄断、无歧视地向第三方公平开放。① 在城市管道燃气进入环节，城市燃气行业进入采取许可证制度。部分管道燃气行业上游企业凭借国家赋予的资源优势地位和市场支配地位，通过与地方政府签订排他性的专营协议，将业务领域强势延伸到下游管道燃气供应领域，对燃气企业的发展空间造成挤压。同时，部分城市燃气企业滥用市场支配地位，将城市燃气企业特许经营的垄断势力传导到竞争性的燃气表、燃气施工、燃气灶具以及预交费用等领域。因此，应结合"管住中间、放开两头"② 的改革目标，深化管道燃气行业市场化改革并强化进入监管。

四是价格监管改革。

2021 年，天然气门站③价格上涨，终端居民天然气价格与非居民天然气价格调整滞后，成为社会各界关注的焦点。截至 2021 年底，北京、天津、重庆、南京、成都等城市建立了居民天然气价格动态调整机制并进行调价，北京、上海、天津、重庆、南京、成都、武汉等城市建立非居民天然气价格动态调整机制并进行调价。由此可见，多数城市缺乏居民天然气价格或非居民天然气价格动态调整机制，或者已建立天然气价格动态调整机制但并未按照相关机制进行动态调整，从而缺乏有效的顺价机制。

四、集中供热行业市场化改革发展历程

集中供热行业初步形成多元化经营格局。其中，国有及国有控股

---

① 资料来源：http://www.gov.cn/xinwen/2019-06/02/content_5396824.htm。
② 天然气价格改革的目标是"管住中间，放开两头"，即放开气源和销售价格，由市场形成，政府只对属于网络型自然垄断环节的管网输配价格进行监督。
③ 天然气门站是长输管线终点配气站，也是城市接收站，具有净化、调压、储存功能。

企业占比较高，民营企业成为重要的运营主体之一，事业单位企业化运作，外资企业和港澳台资企业相对较少。下面，将从监管主体、投融资监管改革、进入监管改革、价格体制改革以及质量监管改革五方面，对管道燃气行业市场化改革进行分析。

一是监管主体。

集中供热行业主要由住房和城乡建设部门监管，价格、资金保障、环境保护、能源供应等监管职能，主要由发展和改革部门、财政部门、生态环境部门和能源部门（或供热部门）承担。

二是投融资监管改革。

集中供热行业投融资体制监管，经历了市场化改革（2004 年以前）、引入非公有经济（2004～2013 年）以及大力推行 PPP 模式（2014 年以来）三个阶段。目前，集中供热行业投融资监管改革虽然有所突破，但仍然存在供热价格改革滞后、社会资本更迭快、PPP 模式下经营风险分担不合理以及市场化的政府监管体制尚不完善等问题。

三是进入监管改革。

为优化供热资源配置，提升居民体验，对城镇集中供热企业实行批准、许可和特许经营等限制性措施，2013 年以来，民营企业进入城镇集中供热市场，虽然部分企业实现了股份制改造，但在进入监管过程中，部分城市仍然存在竞争非中性的问题，在一定程度上限制了集中供热行业的市场主体充分竞争和高质量发展。

四是价格体制改革。

集中供热行业价格体制改革，经历了市场化改革试点阶段（2003～2007 年）、两部制热价①阶段（2008～2016 年）以及清洁能源供暖改革阶段（2017 年以来），实现了由福利供热向用热商品化、用热货币化和用热节能化转变的过程。目前，一些地区仍然存在市场化价格机制尚未充分形成、供热"价格—成本"背离、成本信息不透明、两部

―――――――――

① 两部制热价是指，供暖价格由两部分组成：一部分是固定的基本热价，即供暖基础费；另一部分是根据热用量收取的计量热价。

制热价未有效实施以及与市场化相适应的居民供热补贴机制尚未建立等问题，这可能导致城镇集中供热企业将市场势力传导到地暖、计量表安装与维修等竞争性环节，从而产生滥用市场支配地位的行为。

五是质量监管改革。

集中供热是重要的民生领域，近年来，政府部门越发重视热值范围、供热时间、质量标准以及计量方式等的监管，强化管网破损、老化的监测与维修，保障城镇集中供热温度平稳，不断提升民生保障能力和居民供热满意度水平。

五、城市轨道交通行业市场化改革发展历程

城市轨道交通行业采取 PPP 模式的时间相对较短且以 BOT 模式为主，项目回报多采用可行性缺口补贴方式，形成了"城市轨道交通 + 物业"的运营模式。城市轨道交通行业具有典型的区域垄断性特征，目前，运营企业整体上呈现零散状态，只有少数龙头企业开展多城市业务。下面，将从监管主体、进入监管改革、价格监管改革以及安全监管改革四方面，对城市轨道交通行业市场化改革进行分析。

一是监管主体。

各级交通运输主管部门，是城市轨道交通的监管主体。有些城市由市（县）级政府指定主管部门，主要有多部门交叉管理模式、城乡道路一体化管理模式和综合交通部门协调管理模式。

二是进入监管改革。

城市轨道交通行业进入监管主要经历三个阶段：（1）政府投入阶段，如，北京、上海、广州在建设第一条轨道交通时，大多数资金由政府财政提供，其余部分利用银行贷款；（2）政府引导投资阶段，政府提供资本金成立城市投资平台，如，北京京投公司；（3）采用基础设施 PPP 项目的多元化融资创新阶段。

三是价格监管改革。

各城市的地铁基本上按照里程分段计价票制并实行优惠票价。如，

南京市起步价 2 元可乘坐 4 千米，4 ~ 14（含）千米每 1 元可乘坐 5 千米，14 ~ 28（含）千米每 1 元可乘坐 7 千米，28 ~ 37（含）千米每 1 元可乘坐 9 千米，37 ~ 48（含）千米每 1 元可乘坐 11 千米，48 ~ 61（含）千米每 1 元可乘坐 13 千米，61 千米以上每 1 元可乘坐 15 千米。普通成人持储值卡以及其他人群持优惠卡乘坐地铁享受折扣，甚至免费。其他城市也有类似的按照里程、人群等实行的差别化定价机制。

四是安全监管改革。

城市轨道交通已建立了全过程、全区域以及各管理层级的安全监管制度，并通过第三方对轨道交通运行安全进行评估。同时，制定了运营安全事故报告和调查处理办法，建立健全行业运营服务指标体系、统计分析制度和服务质量考评制度，依法推进运营单位安全生产标准化，通过检查等方式加强轨道交通安全监管。由此可见，城市轨道交通领域已建立了相对健全的安全监管制度，为城市轨道交通安全运行提供了制度保障。

第三节　典型基础设施市场化改革的基本导向

本节在对基础设施市场化改革主要特征和发展历程进行分析的基础上，进一步分析了城市供水、污水处理、管道燃气、集中供热、轨道交通等典型基础设施市场化改革的基本导向。

一、城市供水行业市场化改革的基本导向

随着城市供水行业市场化改革的深入推进，规模化、公平化、专业化的理念贯穿城市供水行业市场化改革全过程。市场准入环节，是市场化改革的关键。如何通过兼并重组和专业化运作打造大型水务集团，如何通过公平竞争选择城市供水 PPP 项目运作主体，如何推进城市供水 PPP 项目运作主管部门与咨询机构专业化，成为城市供水行业

市场化改革的基本导向。

（一）兼并重组推进大型水务集团建设

中国有数千家供水企业，呈现出企业数量多、分布不集中、企业规模小以及本地化运作等特征。在经济高质量发展的背景下，规模化运作、集团化运作、跨区域运作，将成为提升城市供水行业运作效率、推进城市供水 PPP 项目高质量发展的重要路径之一。因此，兼并重组与专业化运作，是大型水务集团实现跨越式发展的重要方式。在城市供水行业规模化发展过程中，要重视经营者集中所产生的反竞争效应。鉴于城市供水企业具有典型的区域垄断性特征，经营者集中势必增加供水企业的市场控制力。因此，在推进城市供水企业兼并重组过程中，要强化反垄断审查和外资企业进入的安全性审查，切实保障城市供水安全特别是管网设施安全，从而通过规模化运作提升城市供水 PPP 项目的运作效率。

（二）公平竞争选择供水项目运作主体

城市供水行业部分 PPP 项目运作主体选择中，在招投标协议以及评标办法中，部分存在设置歧视性条款、产生特许经营权竞标不充分或次优甚至城市供水 PPP 项目运作主体选择无效等问题，限制了城市供水 PPP 项目高质量发展。因此，城市供水行业市场化改革的基本导向之一，是在招投标与项目协议环节健全公平竞争审查制度，营造公平竞争的市场环境，吸引多种市场主体参与 PPP 项目的市场化运作。同时，在运作主体选择中，不宜将产权作为运作主体选择的基本前提，而应建立最低质量下的最低价格或最高限价下的最高质量为重点的运作主体选择机制，通过综合评价方法选择最优运营企业从事城市供水 PPP 项目的建设或运营。此外，应对招投标管理办法和特许经营协议进行公平竞争审查。

（三）专业化运作提升 PPP 项目成功率

政府行业主管部门与咨询机构的专业化程度，直接决定着城市供水行业 PPP 项目运作的成功率。从城市供水行业 PPP 项目市场化运作情况来看，专业化发挥了重要作用，而非专业化直接影响了城市供水行业 PPP 项目的运作效果。如，某城市供水行业 PPP 项目首轮招投标过程中，因招标咨询机构要求投标文件封箱方可投标有效，但在现实中，投标文件较多难以实现一体封箱，导致在首轮招投标各竞标主体全部废标，因招投标咨询机构专业性不足不得不进行第二轮招投标。因此，在城市供水行业 PPP 项目运作过程中，需要遴选专业化的咨询机构。应根据城市供水行业 PPP 项目特征，科学设计咨询机构遴选原则与评价指标体系，并在有效竞争条件下，通过综合评价方法对专业机构进行评估，不断提高城市供水行业 PPP 项目的咨询服务质量。

二、污水处理行业市场化改革的基本导向

为进一步更高质量地推进城市污水处理行业的市场化改革，需要强化污水处理 PPP 项目准入阶段的竞争，优化污水处理 PPP 项目特许经营协议，加强污水处理 PPP 项目反垄断监管。

（一）强化污水处理 PPP 项目准入阶段的竞争

污水处理 PPP 项目准入阶段的竞争不充分，制约着城市污水处理行业 PPP 项目的有效运作。具体表现在竞争主体较少或竞争主体很多但优质竞争主体较少两种情况，竞争不充分将阻碍城市污水处理行业 PPP 项目运作主体的优质选择。如何激发市场主体的参与动力，成为推进污水处理行业市场化改革的关键。现实中，个别城市污水处理行业市场化改革项目的利润低、地方政府财政压力大以及项目可持续性弱，难以吸引优质运作主体。因此，需要科学地进行城市污水处理行业 PPP 项目的物有所值评价和财政可承受能力评价，在特许经营期间内充分考虑污水处理项目供需关系的基础上，评估城市污水处理行业 PPP 项目运作的迫切性和可竞争性。只有在城市污水处理项

目的收益属性稳定、供需矛盾突出、具备财政可承受能力等情况下，方可推进城市污水处理行业 PPP 项目，并通过网络、纸质媒介等多种媒介提升项目招投标信息曝光度，为有效地吸引社会资本进入提供保障机制。

（二）优化污水处理 PPP 项目特许经营协议

在个别城市，污水处理 PPP 项目的特许经营协议中存在固定回报或变相固定回报、保底水量以及阶梯递减污水处理服务费等问题，使得实际污水处理量低于甚至远低于合同处理量，这加剧了地方政府的财政负担，严重时将带来回购问题甚至高价回购问题，在一定程度上降低地方政府信誉。因此，对城市污水处理行业 PPP 存量项目而言，需要构建 PPP 项目特许经营协议有效性的评价指标体系并进行事后评估，为城市污水处理行业 PPP 项目开展高质量再谈判提供解决方案。对新建城市污水处理行业 PPP 项目而言，需要经过充分论证、科学设计项目的特许经营协议，规避现有特许经营协议存在的主要问题，实现有效运作城市污水处理行业 PPP 项目的目标。

（三）加强污水处理 PPP 项目反垄断监管

为营造公平竞争的市场环境，需要对城市污水处理行业 PPP 项目进行反垄断监管。一是要强化城市污水处理行业 PPP 项目招投标阶段的反垄断审查。重点关注设置排除竞争者或影响中标结果的非竞争性条件，评标专家选择的非随机性占比过高等问题。二是要加大城市污水处理行业 PPP 项目合同的反垄断审查。重点关注四类问题的反垄断审查：（1）固定回报或通过阶梯递减污水处理服务费等方式的变相固定回报；（2）合同外的污水处理设施升级改造，由社会资本方进行；（3）最低处理量付费约定，造成未处理污水也付服务费的问题；（4）管网公司、污水处理企业在未公开招标的情况下，对竞争性业务自行设计、施工或指定第三方，以及政府直接或间接指定管网公司或排水公司等本地企业进行工厂改造等行为。

三、管道燃气行业市场化改革的基本导向

"X + 1 + X"改革（即"放开两头、管住中间"改革）是中国燃气行业市场化改革的主要方向。因此，需要统筹构建上游气源保障的长效机制，推进燃气企业一体化、规模化运作，监管燃气领域政府行政垄断行为与企业垄断行为，为新一轮燃气行业市场化改革提供制度保障。

（一）统筹构建上游气源保障长效机制

在"X + 1 + X"改革背景下，气源提供主体多元化对推进城市燃气市场化改革具有重要作用。燃气作为重要的民生资源，保障持续供应是一项重要内容。因此，统筹构建上游气源保障的长效机制，成为新一轮高效推进城市燃气行业市场化改革的一项重要任务。其中，多元化互补气源是燃气企业发展的重要基础，改革方向是燃气企业直接向上游企业购买天然气，打破当前气源单一的发展格局。具体而言：为形成多气源良性互动供给格局，需要整合协同天然气采购，注重发展液化天然气（LNG）贸易所需的专业采购能力、运输与储存能力和LNG终端市场掌控能力。同时，突破现有体制机制约束，培育LNG贸易市场参与国际市场竞争的能力。此外，在有效保障多气源供应的情境下，需要形成综合性的气源价格并传导到城市燃气居民价格制定与城市燃气非居民价格制定。

（二）推进燃气企业一体化、规模化运作

当前，城市燃气企业的多主体运作、碎片化发展、小规模生产，在一定程度上限制了质量跃迁。推进燃气企业一体化、规模化运作，成为管道燃气行业市场化改革的基本导向。具体而言，强化城市燃气行业 PPP 项目的特许经营监管，通过特许经营评估等监管手段，淘汰部分规模小、实力弱、经营管理水平和供应保障水平低的企业，提高

燃气供应效率,为城市燃气企业规模化发展创造条件。城市燃气企业要通过扁平化、规模化和一体化推进可持续发展。具体来说,一是扁平化,实现去环节、降成本、全产业链发展;二是规模化,整合属地城市燃气企业,实现"同城同服务、同城同价格";三是一体化,根据所在区域的天然气市场结构、竞争态势、参与者利益一致性程度等原则,灵活采取合并、收购、股权置换等方式推动天然气市场整合,实现"一城一网一企"目标,不断提高城市燃气企业一体化的公共服务水平。

(三) 反垄断监管燃气领域政府行政行为与企业行为

城市燃气行业,是基础设施领域反垄断的重点领域之一。反垄断监管的重点和难点:一是管网公司是否收取过高管道运输费。最终模式是形成"全国一张网",各省(区、市)设立分公司,并向城市燃气企业收取管道运输费。反垄断部门应参照发改部门的成本监审报告并剥离无效成本,评估"全国一张网"运作主体是否滥用市场支配地位收取较高的管道运输费。二是燃气企业将市场势力传导到竞争性领域,并排除限制其他竞争者。具体表现为,在供气时无正当理由要求天然气用户缴纳预付款,却不能在日常购气中冲抵燃气费;在管道燃气设施安装过程中,排除其他竞争者,且收取高价费用;要求天然气用户购买保险;在无协议情况下,搭售灶具、燃气表等设施;行政主管部门滥用行政权力,排除限制其他竞争者参与燃气业务生产和经营。三是在城市燃气企业非正常退出时,滥用市场支配地位高价转售资产。气源价格上涨导致城市燃气企业"成本—价格"倒挂,在生存逼迫下退出市场并索要高价转让费成为这些燃气企业的理性选择,将增加地方政府的财政负担。因此,需要对其滥用市场支配地位行为进行反垄断审查。

四、城市集中供热行业市场化改革的基本导向

当前,中国正面临着"双碳"目标、能源安全以及环境等约束,

集中供热行业亟须实现由粗放型模式向集约型模式转型。其中，城市集中供热行业市场化改革的方向是低碳化、集约化和节约化。

（一）城市集中供热行业发展低碳化

在低碳化背景下，需要城市集中供热行业从源头能源结构使用转型和能源利用效率提升两个维度推进低碳化。具体而言：一是因地制宜深化东北地区、西北地区、华北地区"煤改气""煤改电"改革。在"煤改气""煤改电"的实践过程中产生了电价较高、补贴区域不够广、供电保障困难等问题，应深化"三北"地区热源结构转型。二是推进供热企业技术创新，实现全流程生产的低碳化。其中，热电冷三联产、过滤节能技术、清洁燃料利用技术、储热技术、降低热消散技术等，成为推进城市集中供热行业发展的重要技术。建设以热电联产和工业余热利用为主、可再生能源为辅的低碳集中供热体系，是集中供热行业低碳化发展的重要趋势。

（二）城市集中供热行业发展集约化

当前，集中供热计量主要存在三方面问题。一是一些地方应付建筑工程竣工要求，安装的供热计量装置难以通过供热计量推进用热集约化；二是尚未形成与供热计量相适应的热价形成机制，降低了供热计量工作的开展效能；三是用热群体对供热计量关注度不高或认同性不强。针对上述问题，需要从"技术、舆论、监管"三个维度不断推进热计量系统化工程。即加强热计量技术研发，形成以精准计量、计量表使用稳定且使用时间较长的高效热计量技术发展路线。加强多渠道舆论引导与舆论宣传，从低碳高度提升热计量的重要性。强化热计量推进的有效监管，运用激励与惩罚双维度机制，形成可激励、有约束的热计量推进良性机制。

（三）集中供热行业发展节约化

目前，尚未形成与城市集中供热行业市场化改革相适应的供热价格机制。具体而言，缺乏覆盖热源种类的集中供热价格体系，基于燃煤热电联产成本测算单一热价体系，不具备激励性和节约性。同时，热价调整滞后于成本提高。这在城市集中供热行业发展过程中产生了三大矛盾：一是政府调整的供热价格与市场化定价的供热成本之间的矛盾。燃料、人工等供热成本的价格呈现出市场化波动特征，而供热价格具有政府监管特征；二是供热价格成本监审项目与供热成本要素之间的矛盾，现行成本监审管理办法难以涵盖实施供热管理改革和大规模技术革新所增加的成本；三是简单的供热价格体系与多元化的热源和供热方式之间存在矛盾，因此，亟须建立多热源供热差异化价格形成机制，优化成本监审办法，并将推进技术革新等促进集中供热行业发展的成本纳入成本监审体系，并在价格制定后通过使用者付费方式和可行性缺口补贴方式弥补供热成本。

五、轨道交通行业市场化改革的基本导向

推动轨道交通行业市场化改革，核心是如何选择 PPP 项目的运营主体，如何构建轨道交通企业的治理结构，如何优化轨道交通企业的投融资结构。

（一）优选城市轨道交通运营主体

除少数城市之外，轨道交通 PPP 项目的运营主体大多呈现出"本地化"特征，基本上由本地城投公司承担项目运营。在建设全国统一大市场的背景下，需要打破区域间比较竞争形成的省域间壁垒、省域内的市域间壁垒、市域内的县域间壁垒。经济理论表明，营造竞争性市场环境，吸引多主体参与轨道交通 PPP 项目竞争，形成有效竞争，有助于选择优质运营企业。在轨道交通项目的实际运作过程中，竞争不充分是限制选择优质运营主体的关键要素。因此，各城市轨道交通行业主管部门应建立全国统一大市场的基本理念，通过各种媒介向全国发布城市轨道交通 PPP 项目的招投标信息，扩大信息的传播渠道，

吸引更多、更有效率的运营企业参与轨道交通 PPP 项目招投标。同时，需要对评标办法和 PPP 项目协议进行公平竞争审查，避免因不公平条件而对优质运营企业投标形成限制。综上所述，通过扩展信息传播渠道形成投标主体充分竞争的格局，营造公平竞争的市场环境，为打破地域壁垒、优选运营主体提供制度保障。

（二）优化城市轨道交通企业治理结构

城市轨道交通企业已初步建立现代企业制度，但政府财政或国有企业仍然是城市轨道交通企业的主要出资人，现代企业制度仍不完善，部分企业尚未形成有效的法人治理结构，权责不清、约束不够、缺乏制衡等问题仍然存在，一些项目的董事会形同虚设，未能有效发挥作用。因此，应以 2017 年国务院办公厅出台的《关于进一步完善国有企业法人治理结构的指导意见》为依据，不断优化轨道交通企业的治理结构，建构市场化下的系统治理机制，形成依法自主经营、自负盈亏、自担风险、自我约束、自我发展的市场主体。健全以公司章程为核心的企业制度体系，充分发挥公司章程在企业治理中的基础作用，依照法律法规和公司章程，严格规范履行出资人职责的机构、股东会、董事会、经理层、监事会、党组织和职工代表大会的权责，强化权力责任对等，保障有效履职，完善符合市场经济规律和中国国情的法人治理结构，进一步提高轨道交通企业的运行效率。

（三）优化城市轨道交通企业投融资结构

城市轨道交通具有公共产品属性、沉淀成本性、资产专用性、投资数额巨大等特征，往往导致私人投资的积极性较弱。因此，需要吸引社会资本参与城市轨道交通项目建设，并不断创新城市轨道交通企业的运营模式。城市轨道交通建设投融资模式，分为政府为主体的投融资模式和市场化导向的投融资模式。其中，政府为主体的投融资模式，分为政府财政投资和国债资金、政策性贷款、境内外证券、外国政府贷款或国际金融组织贷款等政府债务融资。而市场化导向投融资模式，分为股权融资、银行贷款、企业债券等企业信用融资和基础设施 PPP 项目等项目融资。城市轨道交通具有典型的民生属性，其票价收入难以弥补城市轨道交通的投资建设成本与运营成本，因此，亟须创新城市轨道交通企业的运营模式，优化投融资运作机制。其中，将轨道交通与沿线土地、商业地产等进行协同开发、整体运作的以公共交通为导向的研发（TOD）模式，成为大中型城市开展新建轨道交通项目的主要运作方式。

第四节 市场化改革下典型基础设施 PPP 项目高质量发展路径

中国基础设施市场化改革的重点，是强化竞争政策的基础性地位，重视基础设施的规模化、专业化和数智化发展，优化选择基础设施 PPP 项目的运营主体，形成与全国统一大市场建设相适应的基础设施 PPP 项目运作体制机制。因此，本节将以城市供水、污水处理、管道燃气、集中供热和轨道交通 5 个行业为例，对市场化改革下典型基础设施 PPP 项目高质量发展的路径进行研究。

一、城市供水行业 PPP 项目高质量发展路径

中国城市供水行业 PPP 项目高质量发展，核心是从低数字化监管向数智化监管转型，从行业监管向反垄断监管转型，从福利价的供水价格形成机制向激励性的福利价与市场价融合机制转型。

（一）搭建平台与优化算法推进城市供水数智化决策

目前，城市供水行业数字化平台已初步建成，其特征是拥有数据交汇、数据下载与简单统计分析功能，但出水水质瞬时波动报警、根据供水数据与城市经济社会发展数据进行预测与决策、供水价格动态

调整机制等功能还较为缺少。由此可见，中国城市供水行业数字化改革还处于数据化、平台化时代，尚未根据算法建立智能化决策机制。推动中国城市供水行业高质量发展，重点建立与大数据、云计算、边缘计算、区块链等数字技术以及与城市供水决策特征相匹配的城市供水数智化决策机制。具体功能应包括，拥有特定范围内城市供水全过程的数据信息，利用算法实现数据校核功能并保证数据的准确性；建立数据信息动态更新机制，实现大数据下的统计功能；通过数据匹配，实现预警功能；根据现实数据进行有效预测与决策的功能，形成基于平台与算法优化基础上的城市供水行业数智化决策机制，为推进城市供水行业政府监管数智化改革提供平台与决策支撑。

（二）形成竞争政策基础地位下城市供水政策组合

打破传统行业的监管思维，应推进以竞争政策为基础的城市供水政策组合。其中，市场化改革下供水企业的反垄断行为主要表现为供水企业利用水厂垄断地位，并通过强制交易方式传导到供水工程设计、施工、材料设备采购、监理、水费预收等竞争性环节。同时，应该重点关注行业监管部门或其下属事业单位指定供水管网与水厂的施工、材料供应等市场主体滥用行政权力排除限制竞争的行为。此外，鉴于听证是供水价格调整的必要步骤，目前，听证方式是对价格水平进行听证，而非对调价公式进行听证，在实践中形成了企业亏损、价格调整难或多年不调的怪圈，加重了城市供水企业负担。有时，考虑到居民负担和营商环境，价格调整部门难以及时启动调价程序或调整后价格与调价公式存在一定偏差。因此，反垄断部门应重点关注城市供水价格调整，防止行政权力滥用，助力形成合理的水价机制。

（三）推进城市供水价格动态调整并形成激励性价格

中国城市供水价格具有绝对数值偏低、价格调整较慢、成本—价格传导机制不畅、调价公式激励性不强等特征，影响城市供水资源的优化配置。在新发展理念和推动中国城市供水行业高质量发展的背景下，需要形成与之相适应的价格机制。城市供水价格的制定与调整，需要反映供需关系、促进节约用水、提升供水质量、显示通货膨胀变化、激励水质提升以及降低制水成本等，从而形成以成本推算价格、以激励降低成本、以价格提升质量、以价格促进节约的城市供水价格机制。具体地，可运用区域间比较竞争理论，由政府部门设定一定区域内的供水价格以及调价公式，如果某企业在质量不变的情况下降低成本，相当于该企业利润增加，更有利于激励城市供水企业走降本增效式的高质量发展之路。同时，设置质量调节系数，当水质提升到一定程度后调高供水价格，形成提质增效与降本增效相耦合的城市供水价格动态调整机制，利用价格杠杆推动城市供水行业 PPP 项目的高质量发展。

二、污水处理行业 PPP 项目高质量发展路径

2016 年，财政部下发《关于在公共服务领域深入推进政府和社会资本合作工作的通知》，提出各地应选择 PPP 模式运作新建垃圾处理和污水处理等公共服务项目。中国污水处理行业 PPP 项目高质量发展，重点是健全污水处理行业 PPP 项目污水处理费的调整机制，有序提升污水处理行业 PPP 项目的出水质量标准，强化污水处理行业 PPP 项目进水的源头管控，加强污水处理行业 PPP 项目的反垄断监管。

（一）健全污水处理行业 PPP 项目处理费的调整机制

污水处理费是按照"谁污染，谁付费"的理念向污染者收取的费用，而污水处理服务费是政府向污水处理厂支付的污水处理费用。污水处理费，在数值上并不完全等同于污水处理服务费。根据课题组调研的结果可知，目前，上海、南京等长江下游大城市的污水处理费一般可覆盖污水处理厂成本以及污水管网（含泵站）的运行维护费用，长江下游中等规模以上城市的污水处理费基本覆盖污水处理厂成本（包括污泥处理处置成本），多数地区难以覆盖污水处理厂成本。在推进污水处理 PPP 项目高质量发展的背景下，要发挥价格机制的决定性

作用并兼容财政等其他政策的协同效能，稳步提高污水处理费的征收标准。以提高污水处理费来解决管网建设资金需求和运营资金需求为目标，对生活污水排放实行递增式阶梯收费制度，设计不同类型市县性价比最优的治污技术路线和基础设施建设规范，并确定污水处理成本核定方法或标准成本参考方案。

（二）有序提升污水处理行业 PPP 项目的出水标准

中国城市污水处理行业出水水质标准，经历了由二级到一级 B、一级 B 到一级 A 的标准提升过程，个别地区提出了类地表水准Ⅳ类的清洁排放标准（如浙江）。应最小限度地影响环境、最大限度地实现经济高质量发展。因此，需要有序地推进污水处理行业 PPP 项目的出水标准提升。其中，对低于一级 A 出水排放标准的污水处理厂绘制提标改造线路图，在财政资金支持下或通过市场化运作方式，着力实现由一级 B 出水排放标准向一级 A 出水排放标准跃迁。首先，一级 B 污水处理厂占比较高的广东、江西、广西、湖南、黑龙江等，是提标改造的重点地区；其次，对经济发展水平较高、财政压力较小、环境承载力较弱或对环境品质要求较高的省（区、市），可率先推进高于一级 A 的出水排放标准。

（三）强化污水处理行业 PPP 项目进水的源头管控

根据处理的污水来源是工业污水还是生活污水，可将污水处理厂分成工业污水处理厂和生活污水处理厂。一些城市政府特别是县级政府基于处理污水的规模化和集中化的考虑，往往在某一区域兴建同时处理生活污水和工业污水的混合型污水处理厂。现实中，工业企业会综合权衡偷排污水收益、被抓概率和所受惩罚，做出是否偷排污水的决策。鉴于工业企业偷排污水具有难监控性、瞬时性以及冲击大等特征，一旦发生偷排污水会给混合型污水处理厂的正常运行带来风险隐患。因此，需要由建设部门和生态环境等部门进行协同监管，加强污水处理厂进水的源头管控，对纳入污水收集管网的工业企业组织全面排查和评估，根据进厂水质、水量波动等情况，分时段对企业排水口进行取水检测、化验分析，明确水量和水质成分，督促企业按照环保评价要求做好废水预处理，规范工业企业的排水行为。其中，重点围绕企业生产、废水特征、污水处理设施运行、厂区管网布局、污水管网对接、排放去向等强化源头管控，确保污水处理厂运行稳定。

三、管道燃气行业 PPP 项目高质量发展路径

管道燃气是重要的民生类基础设施，其高质量发展对改善人民福祉、推进共同富裕具有重要的时代价值。因此，本书将从健全城市燃气价格调整机制、优化燃气设施安全保障机制、提高城市燃气企业全产业链效率等方面，提出市场化改革下推进管道燃气行业 PPP 项目高质量发展的路径。

（一）健全城市燃气价格调整机制

当前，城市燃气价格机制呈现出典型的上下游价格传导机制不畅的特征，导致下游城市燃气企业"成本—价格"倒挂，制约了城市燃气企业的高质量发展。因此，需要建立高质量发展下城市燃气行业市场化的价格调整机制。具体而言，对尚未建立城市燃气价格动态调整机制的城市，应落实财政补贴机制。对居民基本生活用气需求，实行相对较低的价格；对超出基本生活用气需求的部分，要适当提高价格，以反映天然气资源的稀缺程度。独立采暖应统筹考虑不同住房面积的用气量差异，以及天然气独立采暖与集中供热等不同方式（以煤炭为燃料集中供热的，应考虑煤炭的环境成本）、天然气与电力等不同能源的采暖成本衔接，着重保障基本住房面积的采暖需求。通过听证建立居民气价和上游门站价联动机制，将民用气调价联动方法及启动程序予以固化，作为调价联动的实施办法，将上游门站价格波动顺价到下游居民气价中，减轻地方政府的财政负担，促进城市燃气企业的高质量发展。同时，推动政府部门及时执行非民用气上下游价格联动机制，

实现顺价销售以弥补城市燃气企业的亏损。核定输配气成本，缓解企业经营压力，保障城市燃气安全。此外，可参照成品油定价机制，形成与国内成品油定价机制相类似的天然气价格机制。

（二）优化燃气设施安全保障机制

城市安全是国家安全的重要组成部分，是国家安全和社会稳定的基石。2022 年 7 月，国务院安全生产委员会办公室召开全国燃气安全防范专题视频会议，要求坚决遏制燃气事故多发频发势头。因此，需要优化燃气设施安全保障机制，切实保障燃气使用安全和运行安全。具体而言：一是严厉打击燃气新建、改造等工程违规转包、违法分包，从业人员无证上岗、违规违章作业，燃气管网外部野蛮施工等问题；二是重点检查商业场所是否存在燃气管道占压、穿越密闭空间、擅自改造等问题；三是加强对液化气站违规充装和"黑气瓶"整治；四是对危及公共安全的严重违法行为坚决移送司法机关处理，鼓励群众举报身边的隐患，定期通报典型执法案例并曝光事故案例，形成有力震慑；五是督促餐饮企业尽快安装可燃气体报警装置；六是构建覆盖政府部门、企业、单位和个人的燃气安全"全链条"责任体系。

（三）提高城市燃气企业全产业链效率

在"碳达峰、碳中和"的背景下，建立清洁低碳、安全高效的能源体系，是中国能源发展的必然选择。城市燃气企业主要从事天然气配售及其辅助业务，降本增效是天然气行业高质量发展的必然选择，核心是提高全产业链效率。即有效地发挥各主体潜力，降低上游企业、进口企业、管网运输企业、城市燃气企业、服务企业、监管部门的生产成本、进口成本、管网运输成本、配送成本、服务成本和监管成本。具体而言：一是营造公平竞争的市场环境，逐步有序放开天然气上游供应环节和下游销售环节；二是加强天然气输配环节成本监审和价格监审，通过激励性价格形成机制降低全产业链生产成本。在推进城市燃气改革并提升全产业链效率过程中，城市燃气企业面临加强配气监管、提升用户服务质量和规范辅助服务的多重风险。上游企业选择携资源优势进军下游市场，要求燃气企业出让优质用户或转让项目、企业控制权，从而加大城市燃气企业压力。此外，为推进配气环节的公平竞争，要求保障天然气供应安全、稳定、公平地对待下游用户。

四、集中供热行业 PPP 项目高质量发展路径

集中供热行业 PPP 项目的高质量发展，是中国经济高质量发展和"双碳"战略发展的必然选择。因此，需要形成与集中供热行业 PPP 项目高质量发展相适应的基本路径，即需要加强对资本炒作煤炭价格的监管，强化集中供热项目的反垄断监管，搭建集中供热节能降耗机制。

（一）加强对资本炒作煤炭价格的监管

煤炭是城市集中供热的重要热源，2021 年第二季度到第三季度，中国煤炭价格出现了非供给矛盾突出引发的价格过快上涨现象。背后的原因可能是，哄抬价格、恶意炒作引发的煤炭价格非理性上涨。国家发展和改革委员会对 15 家市场主体煤炭价格指数进行评估和合规性审查，结果证明，多家市场主体不合规或明显不合规。因此，国家发展和改革委员会等多部门通过系列政策有效地稳定煤价，自 2021 年 10 月下旬起，煤炭价格企稳回落态势明显。① 为实现对煤价的有效监管，需要反垄断监管部门对煤炭价格上涨背后的原因进行反垄断审查，明确煤炭经营企业之间是否存在明示或默示的横向价格垄断协议。对恶意炒作煤炭价格行为零容忍，严肃查处投机资本恶意炒作和市场主体捏造散布涨价信息、囤积居奇、哄抬价格、价格串通等违法违规行为，防止现货价格大起大落，维护煤炭市场平稳运行。

---

① 《煤炭坐上"过山车"：价格疯涨后企稳回落》，https：//cj. sina. com. cn/articles/view/1650111241/625ab3090200110se。

（二）强化集中供热项目的反垄断监管

城市集中供热行业管道设施，具有自然垄断性。因此，需要重视城市集中供热行业 PPP 项目是否滥用市场支配地位，行使垄断行为以及滥用行政权力的问题。具体而言：一是对非用热用户收取基础热费，是否为滥用市场支配地位。二是在相对较高供热成本的驱动下，一些城市集中供热企业举步维艰，部分城市集中供热企业出现了放弃情况，城市集中供热行业主管部门从保障供应角度出发，第一时间指定国有企业供热。政府直接指定城市集中供热企业运营主体，需要进行科学评估。三是供热企业向房地产商额外收取工程费回补供暖"成本—价格"倒挂缺口，是否存在滥用市场支配地位的行为。在城市集中供热 PPP 项目推进过程中，应重视对上述三类行为的反垄断审查，营造公平竞争的市场环境，推进城市集中供热行业 PPP 项目的高质量发展。

（三）搭建集中供热节能降耗机制的沙盒

规模化、专业化、低能耗、高效率，是城市集中供热行业的发展方向。当前，城市集中供热行业 PPP 项目呈现出分散化、高能耗和低效率等特征，在一定程度上限制了城市集中供热行业 PPP 项目的高质量发展。因此，需要搭建以节能降耗为特征的集中供热机制沙盒。具体而言：一是不断优化热耗、水耗、电耗管理机制，建立生产、运输、使用等全产业链系统性的节能降耗思维；二是推进智能热网平台建设，搭建全产业链能耗的基础数据，设计基于数据信息的能耗双控算法，运用智慧化手段实现能耗目标下的节能降耗监测机制、预警机制与考核评估机制，形成全产业链、网格化系统循环模式下的集中供热节能降耗机制；三是加强对集中供热能耗与生态环境以及"双碳"目标之间关系的宣传，通过舆论引导有序推进集中供热全产业链特别是消费端的节能降耗。

五、轨道交通行业 PPP 项目高质量发展路径

轨道交通行业 PPP 项目高质量发展，对激发城市活力、推进城市高质量发展具有重要作用，需要结合城市整体规划与城市发展的新理念和新格局，探索具有前瞻性的轨道交通行业高质量发展路径。因此，需要坚持公共交通导向的发展模式，推进城市轨道交通多网融合化，打造城市轨道交通智能化系统，强化城市轨道交通反垄断监管。

（一）坚持公共交通导向发展模式

为改善交通拥堵、实现资源集约化高质量利用、优化城市交通空间布局，推进城市轨道交通运作效率和运行稳定提升，需要坚持以公共交通为导向的发展模式（TOD），"以未来运力定规划"的理念，开展城市轨道交通 PPP 项目的路线设计。特别是对建设监管和运维监管分离的城市而言，需要建立"以需定供"的轨道交通开发理念，避免产生超前规划问题或滞后规划问题。在开展城市轨道交通规划时，以大运量、高效率和环境友好的轨道交通为骨干，配合步行及地面公交接驳，减少市民出行对地面交通和私家车的需求。城市规划以轨道交通车站为中心，进行高密度的商业、写字楼、住宅等综合开发。轨道交通企业依托轨道交通线网建设，有机衔接轨道运输功能与城市综合服务功能。通过轨道交通的有序推进和配套地块的综合开发，以枢纽带动区域发展，引导城市更新改造，实现土地高效集约利用。

（二）推进城市轨道交通多网融合化

城市轨道交通网络建设具有属地化特征，缺乏跨行政区域的轨道交通网络系统规划。建设全国统一大市场和京津冀协同发展、长三角一体化发展和成渝双城经济圈发展规划的发布，以及其他城市群、都

市圈发展设想,为推进城市轨道交通由区域内发展向跨区域的网络化发展提供了制度驱动。此外,居住与工作"双城"模式日益成为年轻人的重要生活方式,催生了对城市轨道交通网络化和跨区域发展的迫切需求。在以人民为中心的发展思想下,基于城市群和都市圈的发展趋势,多网融合化的城市轨道交通发展模式将实现人流汇集,并推动轨道交通行业 PPP 项目的高质量发展。因此,应谋划城市轨道交通多网融合的顶层设计,在城市轨道交通项目规划阶段,有序推进多网融合发展规划,采用试点并逐步推进方式打造城市轨道交通互联互通的城市群。

(三) 打造城市轨道交通智能化系统

随着物联网、区块链、云计算、边缘计算以及 5G 等数字技术的快速发展,运用数字化手段推进城市轨道交通运作效能提升,成为市场化改革的重要方向。因此,需要建设并不断优化城市轨道交通智能化系统,有效地发挥数字技术在轨道交通发展中的重要作用。具体而言:一是搭建包括进出站信息与乘车信息的基础数据系统;二是集成环境与设备监控系统、电力监控系统、火灾自动报警系统;三是构建包括安防网络子系统、安防集成管理子系统、综合电视监视子系统、门禁子系统、电子围墙系统以及车站紧急告示子系统的综合安防系统;四是搭建传输网络系统、电话系统、无线通信系统、广播系统、时钟系统的通信系统;五是形成列车的自动监控系统、自动防护系统、自动运行系统。通过智能化算法实现以乘客、安防、通信、信号等数据为基础,构建乘客数量预测系统、人车安全预测系统以及突发事故预警系统等智能化算法决策平台,打造城市轨道交通智能化系统。

(四) 强化城市轨道交通反垄断监管

相比其他更具竞争性的基础设施而言,城市轨道交通全产业链难以形成有效竞争的市场格局,运作主体往往滥用市场支配地位行使垄断行为,从而降低社会福利。为推进城市轨道交通行业 PPP 项目的高质量发展，需要强化反垄断监管。其中，应重视对城市轨道交通装备领域垄断行为的反垄断监管。城市轨道交通装备行业的市场集中度较高。如多数整车制造市场只有一两个竞争者，动车组牵引系统以及动车组转向架的市场结构是垄断的，交通信号等部分零部件市场具有竞争性。因此，应严厉打击轨道交通整车市场的垄断协议行为，警惕地方保护主义和"低于成本投资换订单"政策，要对竞争者集中进行反垄断审查。此外，在城市轨道交通 PPP 项目的招投标过程中，应重点针对地域偏好、产权偏好等不公平竞争行为开展公平竞争审查。

第四章　反垄断监管与基础设施 PPP 项目高质量发展

基础设施行业监管，是学术界和政府部门重点关注的领域。随着 2008 年《中华人民共和国反垄断法》的推行以及近年来公平竞争审查制度的推进，基础设施反垄断监管引起了社会各界的高度关注。因此，本章将论证反垄断监管与基础设施 PPP 项目高质量发展的理论逻辑，梳理基础设施 PPP 项目反垄断监管的总体现状，分析基础设施 PPP 项目行业监管与反垄断监管的协调机制，设计反垄断监管下基础设施 PPP 项目高质量发展的政策体系。

第一节　反垄断监管与基础设施 PPP 项目高质量发展理论逻辑

中国基础设施市场化改革以来，行业监管成为重要的监管方式，由此形成了进入监管、价格监管、运营监管以及退出监管的全产业链系统性的行业监管规则。党的十八大以来，对反垄断监管日益重视加之基础设施行业监管越发成熟，反垄断监管成为中国基础设施监管的一项重要内容。一般而言，基础设施由网络型环节和非网络型环节或竞争性环节组成，在现实中，存在将网络型环节的市场势力传导到竞争性环节，以及基础设施行业主管部门或监管机构滥用行政权力排除、限制其他竞争者，从而在一定程度上限制了基础设施 PPP 项目的高质量发展。因此，在强化竞争政策基础性地位，建立健全公平竞争审查制度的背景下，反垄断监管将有助于推进基础设施 PPP 项目的高质量发展。

一、公平竞争审查与基础设施 PPP 项目高质量发展

行政垄断在一定程度上抑制了技术创新、扩大了收入差距、扭曲了要素价格、降低了产业效率、造成了资源错配并限制了企业竞争力提升。党的十八大以来，中国公平竞争的市场环境在不断优化。2016年，国务院发布《关于在市场体系建设中建立公平竞争审查制度的意见》，从市场准入标准和市场退出标准、商品和要素自由流动标准、影响生产经营成本标准、影响生产经营行为标准等四大类 18 个方面提出了公平竞争审查的标准。2020 年，国家市场监督管理总局等四部门发布《关于进一步推进公平竞争审查工作的通知》。2021 年，国家市场监督管理总局等五部门印发《公平竞争审查制度实施细则》。2021 年底，中共中央办公厅、国务院办公厅印发《关于强化反垄断深入推进公平竞争政策实施的意见》，第一次形成中国企业公平竞争的顶层设计政策框架。2022 年修订后的《中华人民共和国反垄断法》明确提出："国家建立健全公平竞争审查制度，制定和实施与社会主义市场经济相适应的竞争规则，健全统一、开放、竞争、有序的市场体系，国务院反垄断执法机构负责反垄断统一执法工作。"目前，公平竞争审查制度已经实现了国家、省（区、市）、地级市、县（市、区）四级政府全覆盖，出台了全国统一市场和公平竞争建设的政策措施。公平竞争审查通过规范政府行为，有助于推进基础设施 PPP 项目的充分竞争，降低基础设施 PPP 项目运营成本，为激发基础设施 PPP 项目运营主体的创新动力和高质量发展提供制度保障。

基础设施 PPP 项目高质量发展的核心，是营造公平竞争的市场环境，甄选高质量的市场运营主体，激发市场主体潜能，持续推进基础设施 PPP 项目的制度创新、产品创新与技术创新。长期以来，少数地方政府的部分政策中存在竞争非中性行为。如在市场准入和市场退出、

产业发展、招商引资、招标投标、政府采购、经营行为规范、资质标准等领域出台了一些排除、限制市场竞争的规章、规范性文件、其他政策性文件以及"一事一议"形式的具体政策，这给基础设施 PPP 项目的高质量发展带来一定障碍。党的十八大以来，有关政府部门通过出台一系列法规政策、反垄断执法制度和公平竞争审查制度，不断强化竞争政策的基础性地位、营造公平竞争的市场环境，有助于在市场准入阶段实现基础设施 PPP 项目运营主体选择和运营阶段的要素自由流动与公平竞争，为基础设施 PPP 项目运营提供有力的保障。不断健全公平竞争审查制度，重视公平竞争审查行为，成为推进基础设施 PPP 项目高质量发展的一项重要内容。

二、垄断协议与基础设施 PPP 项目高质量发展

基础设施 PPP 项目，涉及垄断性业务和竞争性业务。无论是垄断性业务还是竞争性业务，都会有少量企业直接签订垄断协议或口头约定垄断协议，产生了一定程度的反竞争效应，限制了基础设施 PPP 项目的高质量发展。因此，强化基础设施 PPP 项目垄断协议监管，将有助于推动基础设施 PPP 项目的高质量发展。

（一）强化垄断协议监管有助于形成合理市场价格

价格协议是基础设施垄断性业务或竞争性业务推进过程中偶有发生的垄断协议类型。基础设施 PPP 项目运营主体在利润最大化动机下，往往利用垄断性业务的垄断地位或将垄断性业务的市场势力传导到竞争性业务，在不同基础设施 PPP 项目运营主体之间签订垄断性业务价格协议或竞争性业务价格协议，打破原有价格体系，形成低于或高于市场均衡的价格格局，造成了市场供应不足或过度供应，影响了消费者剩余和基础设施 PPP 项目运营主体的利润。显然，对基础设施 PPP 项目垄断性业务或竞争性业务而言，为营造竞争性的市场环境，提升基础设施 PPP 项目的运营效率，需要事前实施竞争倡导、事后实施竞争

执法，有效地约束基础设施 PPP 项目运营主体行为，形成较为合理的垄断性产品定价机制与调价机制、公平竞争下的竞争性产品市场价格。通过价格体系的合理化和规范化，推进基础设施 PPP 项目的有效运作。

（二）强化垄断协议监管有助于促进市场供需平衡

数量协议是基础设施 PPP 项目竞争性业务偶有发生的一种类型的垄断协议。通过数量协议限制了原本竞争性市场结构中的产品数量供应或服务数量供应。在需求不变的情况下，数量协议将会带来供给不足与价格上涨的双重困境。因此，与没有达成数量协议之前的市场相比，达成数量协议之后的市场将原本不具备垄断势力的市场结构转化成类似于寡头垄断型的市场结构，不仅影响基础设施 PPP 项目竞争性业务的市场均衡，也进一步强化了基础设施 PPP 项目垄断性业务的市场势力。从数量维度出发强化基础设施 PPP 项目的协议监管，有助于将扭曲的产品供应与服务供应向最优均衡转化，使基础设施 PPP 项目的竞争性业务回到竞争性的市场结构，推进产品供给或服务供给，从而通过数量撬动价格杠杆，进而提升基础设施 PPP 项目的竞争程度并促进其高质量发展。

（三）强化垄断协议监管有助于推动产品质量提升

无论是数量协议还是价格协议，无论是基础设施 PPP 项目垄断性业务的垄断协议还是竞争性业务实施的类似垄断结构下的垄断协议，都会影响市场均衡，产生次优市场均衡甚至无效市场均衡，进而带来供不应求的局面或供过于求的局面，势必降低基础设施 PPP 项目运作主体的产品创新动力，从而限制创新驱动下基础设施 PPP 项目产品或服务的高质量发展。因此，强化垄断协议监管，约束基础设施 PPP 项目运作主体行为，有助于防范价格链条扭曲或数量链条扭曲带来的创新动力不足，从而形成与基础设施 PPP 项目垄断性业务市场结构或竞争性业务市场结构相匹配的供需机制与价格形成机制，在竞争性预期下推动基础设施 PPP 项目产品质量提升。

综上所述，垄断协议将会扭曲价格均衡，造成供需偏差，限制质量提升，在一定程度上降低基础设施 PPP 项目的运作效果。因此，需要强化垄断协议监管，形成合理的市场价格，促进市场供需平衡，推动产品质量提升，营造竞争性的市场环境，推进基础设施 PPP 项目的高质量发展。

三、滥用市场支配地位与基础设施 PPP 项目高质量发展

基础设施 PPP 项目的运营主体滥用市场支配地位，主要通过搭售、附加不合理条件等手段，影响其他竞争性业务或垄断性业务的产品需求者或服务需求者的经济福利。《中华人民共和国反垄断法》第三章第二十二条对滥用市场支配地位的行为进行界定，即，以不公平的高价销售商品或者以不公平的低价购买商品；没有正当理由，以低于成本的价格销售商品；没有正当理由，拒绝与交易相对人进行交易；没有正当理由，限定交易相对人只能与其进行交易或者只能与其指定的经营者进行交易；没有正当理由搭售商品，或者在交易时附加其他不合理的交易条件；没有正当理由，对条件相同的交易相对人在交易价格等交易条件上实行差别待遇；国务院反垄断执法机构认定的其他滥用市场支配地位的行为。① 随后，政府出台一些法规政策来治理基础设施等领域滥用市场支配地位的行为。如，2020 年中华人民共和国发展和改革委员会等部门联合发布的《关于清理规范城镇供水供电供气供暖行业收费促进行业高质量发展意见的通知》指出，严禁供水供电供气供热企业实施垄断行为，对违反《中华人民共和国反垄断法》、妨碍市场公平竞争、损害其他市场主体利益和消费者利益的，按照相关法律法规予以处罚。② 因此，监管滥用市场支配地位行为，有助于推动基础设施 PPP 项目高质量发展。

---

① 《中华人民共和国反垄断法》，http：//scjg. hebei. gov. cn/info/86837。
② 中华人民共和国国务院办公厅：《关于清理规范城镇供水供电供气供暖行业收费促进行业高质量发展意见的通知》，https：//zjjcmspublic. oss-cn-hangzhou-zwynet-d01-a. internet. cloud. zj. gov. cn/jcms_ files/jcms1/web149/site/attach/0/d3ccb026ac6c4a7c86ccb274be4e84aa. pdf。

(一) 监管滥用市场支配地位的行为有助于保护市场主体利益

基础设施 PPP 项目运作主体滥用市场支配地位排除、限制其他竞争主体行为，将会降低与其竞争的基础设施 PPP 项目运作主体或其产业链上下游企业的生产者剩余和消费者剩余，造成社会总福利损失。比如，某城市供水公司滥用供水管网和水厂设施的垄断地位，要求房地产公司必须由其提供供水管网设施或由其指定其他公司提供供水管网设施，将垄断性业务的市场支配地位传导到竞争性业务，造成竞争性业务的不公平竞争，结果往往造成市场势力传导后的高价或低质，从而偏离最优水平。在不存在滥用市场支配地位的市场经济下，市场主体之间会按照公平竞争原则以及价格和质量对等规则提供产品或服务，实现资源配置最优。因此，在强化竞争政策的基础性地位下，需要对基础设施 PPP 项目运作主体滥用市场支配地位的行为进行有效监管，营造公平竞争的市场环境，推动基础设施 PPP 项目高质量发展。

(二) 监管滥用市场支配地位的行为有助于营造平等交易规则

滥用市场支配地位行为将会打破原本公平竞争的市场环境，形成歧视性的市场交易规则，造成资源配置扭曲，背离经济高质量发展要求。从基础设施 PPP 项目运作来看，偶有发生捆绑交易等滥用市场支配地位行为，影响平等交易规则的有效运行。因此，监管基础设施 PPP 项目滥用市场支配地位的行为，能够为生产或销售相同或相似基础设施产品或服务的市场主体营造公平竞争的市场环境，从而通过市场竞争催生基础设施 PPP 项目的体制机制创新、技术创新与管理创新，不断提升基础设施 PPP 项目的竞争力。

综上所述，基础设施 PPP 项目滥用垄断性环节的市场支配地位，将不利于保护市场主体利益，降低消费者剩余并降低与其存在竞争关系或产业链上下游环节的生产者剩余；难以形成公平竞争的市场交易规则，从而影响消费者的选择权和其他生产者的参与权。因此，应强化对基础设施 PPP 项目滥用市场支配地位行为的监管，通过保护市场主体利益、营造平等交易规则，来推进基础设施 PPP 项目的高质量发展。

第二节 基础设施 PPP 项目反垄断监管的 总体现状与典型问题

《中华人民共和国反垄断法》颁布十余年来，严厉查处了燃气、供电、供水、电信等基础设施领域的价格垄断行为，深入开展了公用事业限制竞争和垄断行为专项整治，查处了一些滥用行政权力、排除限制竞争的案件。同时，在"放管服"改革深入推进过程中，不断强化政府监管的成本意识和效能观念，完善执法程序，优化办案机制，提高执法效率。本节将对中国基础设施 PPP 项目反垄断监管的总体现状以及主要问题进行分析。

一、基础设施 PPP 项目反垄断监管总体现状

自《中华人民共和国反垄断法》颁布实施以来，中国反垄断执法机构对基础设施领域的垄断行为发起了多起反垄断调查。2011 年，国家发展和改革委员会价格监督检查与反垄断局发起了针对中国电信和中国联通的反垄断调查。[①] 2016 年，国家工商行政管理总局发起了针对公用企业限制竞争和垄断行为突出问题的专项执法行动。[②] 2018 年，国家市场监督管理总局下发了《关于 2018 年继续深入开展整治公用企

---

① 《反垄断剑指中国电信巨头 宽带接入改革呼声再起》，https：//business. sohu. com/20111110/n325219820. shtml。

② 中华人民共和国工商总局：《工商总局关于公用企业限制竞争和垄断行为突出问题的公告》，http：//www. 360doc. com/content/16/0409/16/9851038_ 549238238. shtml。

业限制竞争和垄断行为突出问题专项执法行动的通知》，① 2019 年，国家市场监督管理总局下发了《关于督促做好公用事业领域反垄断执法工作的通知》。②

《中国反垄断年度执法报告（2020）》显示，"十三五"期间，中国反垄断执法机构依法办结了公用事业垄断协议案件 4 件，滥用市场支配地位案件 39 件，滥用行政权力排除限制竞争案件 8 件，涉及供气、通信、供水、供电等行业。③ 据不完全统计，2021 年，中国反垄断机构依法办结供气、供水和供电等公用行业滥用市场支配地位案件 3 件，行政性垄断案件 5 件。④ "十三五"期间，中国反垄断执法重点针对基础设施 PPP 项目，将垄断势力由垄断性环节延伸到竞争性环节行使滥用市场支配地位行为，以及行政垄断行为主要违反了《中华人民共和国反垄断法》第十四条、第十七条的规定，实施了分割销售市场的垄断协议行为和滥用市场支配地位限定交易、搭售和附加不合理交易条件等行为。涉案行政机关主要违反了《中华人民共和国反垄断法》第三十二条规定，实施了限定或者变相限定单位或者个人购买、使用其指定经营者提供的商品行为。

中国反垄断执法机构在基础设施 PPP 项目反垄断监管执法过程中始终秉持竞争中性原则，反垄断执法案例主要集中在城市供水、管道燃气、电信、电力等领域，集中供热、城市轨道交通运输、铁路运输、民航运输、邮政等领域的反垄断案件相对较少。在强化竞争政策的基础性地位，深化基础设施市场化改革的背景下，需要进一步加强基础设施 PPP 项目的反垄断监管。

---

① 国家市场监督管理总局：《关于 2018 年继续深入开展整治公用企业限制竞争和垄断行为突出问题专项执法行动的通知》，https：//baijiahao. baidu. com/s？ id = 1598685553145963453。

② 国家市场监督管理总局：《关于督促做好公用事业领域反垄断执法工作的通知》，http://www. duchang. gov. cn/zwgk/zdly/ggjg/scjg/sczxzz/202201/t20220104_5366855. html。

③④ 国家市场监督管理总局反垄断局：《中国反垄断年度执法报告（2020）》，https：//www. samr. gov. cn/cms_ files/filemanger/1647978232/attach/20233/P020210903516952588333. pdf。

二、基础设施 PPP 项目反垄断监管的主要问题

从中国城市供水行业反垄断监管的实践来看，其反垄断监管的重点是城市供水企业滥用市场支配地位，并将其延伸到辅助业务或其他不相关的业务，实行强制交易的垄断行为。城市供水 PPP 项目滥用市场支配地位的行为，主要有限定交易行为①、背离政府文件行为②。

管道燃气企业滥用市场支配地位的行为主要包括：一是无正当理由在供气时要求天然气用户缴纳"预付气款"，但不能在日常购气中冲抵燃气费；二是在非居民管道燃气设施安装经营和实际操作过程中，剥夺交易相对人自行选择设计、施工、监理等单位以及自行购买建设安装材料的权利，以不公平高价收取建设安装费用；三是在向非居民收取天然气气款时，要求用户按实际用气量乘以修正系数后的数据结算方案；四是以"保障安全用气"和"降低经营风险，与用户风险共担"为借口，要求天然气用户必须购买保险，否则，拒绝销售天然气；五是未与用户签订天然气安装及燃气灶具购买协议，要求必须购买其提供的燃气灶具、燃气表等；六是限定消费者购买使用的燃气器具必须具有"检验标志"，才能安装及开通管道燃气；七是行业主管部门利用行政权力，排除或限制其他竞争者。

电信基础设施反垄断案件，主要表现为滥用市场支配地位，行使不合理附加条件，纵向垄断协议，横向垄断协议，搭售，滥用行政权力排除、限制竞争行为等，从而损害其他电信运营商和上下游企业利

---

① 限定交易行为是指，具有市场支配地位的企业或行政机关，为了牟取私利，限定商家交易对象、交易价格等行为。当满足下述条件时，可认定为具有市场支配地位的企业采取的限定交易行为，即企业经营主体在市场或某一环节中具有市场支配地位，利用市场支配地位实行了限制交易行为且这种行为缺乏正当理由。

② 相对于滥用市场支配地位所采取的限定交易行为，滥用市场支配地位所采取的背离政府文件行为相对较少。

益以及消费者剩余。

城市供电行业反垄断案件的主要特征是：一是强制交易，即采取直接指定或者变相指定的方式，要求用户选择关联企业，授意关联企业提前介入用户报装工作；二是价格协议带来的不公平高价或不公平低价；三是差别待遇，采取区别对待或者增加审查环节等方式，影响用户选择权；四是将垄断性业务的市场势力，传导到竞争性业务或竞争性领域，主要业务通过关联企业向社会施工、设计单位违规收取费用，关联企业垄断新建住宅小区电力配套工程等其他违法违规问题；五是附加其他不合理的交易条件，如预收电费等。

综上所述，基础设施 PPP 项目反垄断监管呈现出三个特征：一是基础设施 PPP 项目是反垄断监管的重点关注领域。这些项目具有典型的民生属性，基础设施 PPP 项目运作主体的逐利性导致其存在滥用市场支配地位的风险，特别是对基础设施的社会属性认知不强、竞争机制建设存在缺陷、反垄断思维与反垄断意识较弱的地区而言，基础设施 PPP 项目滥用市场支配地位的风险更大。二是基础设施 PPP 项目垄断行为具有多元性。其中，滥用市场支配地位的案件占比最高，行政垄断案件次之，垄断协议案件较少，经营者集中案件最为少见。垄断行为包括分割销售市场，固定价格，搭售和限定交易，制定含有排除、限制竞争的条款等。强制用户购买指定供应商的材料和设备、强制用户接受指定配套工程服务等行为，剥夺了用户的选择权，排除、限制了相关市场经营者的有效竞争，破坏当地材料设备供应市场和配套工程服务市场的公平竞争秩序。三是基础设施 PPP 项目行政垄断的重点是市、区（县）。市、区（县）是基础设施 PPP 项目的直接主管部门，且具有典型的区域垄断性特征，地方保护主义往往弱化了竞争政策的基础性地位，容易违背公平竞争。特别地，对营商环境相对较差、地方保护色彩较为浓厚的市、区（县），要重点关注其可能发生的行政垄断行为。

第三节　基础设施 PPP 项目行业监管与反垄断监管的协调机制*

中国基础设施 PPP 项目正由"放松监管、引入竞争"转向"监管与竞争并重"的过渡阶段，协调联动、科学规范、运行高效的监管体系，是提升基础设施 PPP 项目政府监管效能的重要保障。国外基础设施市场化改革，不仅是政府监管政策及政府监管方法的改变，还普遍重视行业监管和反垄断监管之间的良性互动和优势互补。

一、基础设施行业监管特征与反垄断监管特征比较

行业监管与反垄断监管的最大区别是，行业监管是事前执行，反垄断监管在垄断行为发生后执行。从日常运行来看，行业监管与反垄断监管有如下四点差异。

（一）目标导向不同

反垄断监管机构的目标是促进竞争，而行业监管机构的目标除了促进竞争之外，还有其他行业发展目标，有些目标甚至违背竞争政策。例如，某行业监管机构肩负着保障供给的目标，在供给紧张时，监管机构可能出面协调相关企业的生产决策，从而可能违背《中华人民共和国反垄断法》。

（二）实体规则不同

行业监管机构与反垄断监管机构即使目标相同，也可能存在不同

---

* 需要说明的是，浙江财经大学中国政府管制研究院徐骏博士为本节第一、二部分撰写提供了必要的资料支持，在此表示感谢！

的实体规则。如美国联邦通信委员会在 1996 年《美国电信法》（The United States Telecomunications Act）出台后，试图维持竞争而禁止任何一家服务特定市场的公司拥有 8 台以上通信发射站，且通信发射站的类型不得超过 5 种，而同期美国司法部反垄断局采取的原则是，市场份额超过 35% 时需进行反垄断审查。

（三）程序规则不同与信息收集能力不同

行业监管机构对所监管的行业负有日常监测职能，对某个行业在法律授权之下能够更为系统性地收集其发展运行数据和信息。而反垄断监管机构需要对市场上的垄断行为进行反垄断执法，反垄断监管机构对特定行业信息的获取能力弱于行业监管机构，且只有在对特定案件开展调查时，才会有针对性地收集行业数据。

（四）对行业发展的评价导向不同

行业监管机构监管的行业更偏技术性，且与被监管企业互动较多，一些监管举措会被反垄断执法机构视为"监管俘获"，[①] 而反垄断监管机构只在反垄断调查时才与被调查企业互动，与企业接触较少，并且，将市场竞争作为唯一评价标准，"监管俘获"可能性较低。如根据美国有关法律，铁路行业并购案由地面运输委员会专属管辖，反垄断执法机构无管辖权，只能向地面运输委员会呈送证据。

二、基础设施行业监管与反垄断监管协调模式

20 世纪七八十年代，欧美等国家和地区为应对经济滞胀，在基础设施领域发起了市场化改革，并根据行业特点、发展阶段和制度环境有效地协调行业监管与反垄断监管之间的关系，形成一体化监管模式、沟通协作监管模式和并行执法监管模式。

---

① 监管俘获是指，为获得监管收益，被监管者动用种种资源和手段"俘获"监管者。

(一)一体化监管模式

澳大利亚、爱沙尼亚、荷兰和西班牙均由一家机构同时负责反垄断监管和行业监管。其中,澳大利亚竞争与消费者保护委员会负责反垄断监管与消费者保护以及电信、能源、铁路、水务等行业的价格监管和质量监管。爱沙尼亚竞争局下设竞争分局与监管分局,其中,监管分局负责能源行业监管、水务行业监管、邮政行业监管、通信行业监管和铁路行业监管。2013 年,荷兰消费者保护局、市场局和邮政与电信监管局,合并为消费者与市场局。2013 年,西班牙将反垄断执法机构与电信行业、能源行业、铁路行业、机场行业的行业监管机构进行合并。一体化监管模式的优点主要有:能够降低行政成本,保证反垄断监管政策和行业监管政策的一致性,对具有市场支配地位且属于"瓶颈"环节的企业接入定价而言,反垄断监管机构擅长市场支配地位认定,而行业监管机构擅长价格监管,一体化监管模式能够实现职能的优势互补。一体化监管模式的缺点有:一是一体化监管模式会降低监管专注度和目标明晰度;二是事前价格监管与事后竞争监管冲突,行业监管习惯于价格监管,而反垄断执法习惯于举报查处,行业监管要求迅速、果断地解决行业中存在的突出问题,而反垄断调查和诉讼时间相对较长,两类职能组织文化大不相同,一体化后会导致原有组织文化难以融合;三是行业监管与反垄断执法的专业技能有所差别,行业监管除了经济性监管外,还需维持行业安全稳定,且不同行业监管专家的技术壁垒较高,而反垄断执法主要依靠经济学、法学和会计学等专业知识,弱化对技术专家的需求,在人员数量给定情况下,一体化监管模式难以配备足够数量的技术专家。因此,国家层面行业监管与反垄断监管的一体化监管模式并不多见。

(二)沟通协作监管模式

沟通协作监管模式是指,同时设立具有独立性的行业监管机构和反垄断监管机构,二者通过强化执法协调、信息共享、建立双边联络机制或多边联络机制、联合发布监管报告、建立人员交流机制等形式保持沟通协作。该模式有利于充分发挥两类机构的监管优势，但在实践中往往权责不清，从而导致监管不足问题。

1. 备忘录或者法律

反垄断机构与行业监管机构签订强化执法协调与信息共享的备忘录。如爱尔兰的反垄断机构（CCPC）与电信监管机构（TR）、能源监管机构（CER）、广播电视监管机构（BAI）、民航监管机构（CAR）、交通运输监管机构（NTA）签订了类似协议。许多国家的反垄断法规定，反垄断机构与行业监管机构之间达成协调执法协议，并为机构之间的信息共享提供法律依据。

2. 双边联络机制或多边联络机制

双边联络机制是最常见的信息交流机制。通常，两个机构会指定专门联络人就双方共同关心的市场竞争问题展开定期联系和定期沟通，并交流意见。多边联络机制涉及行业较多，在现实中较为少见。典型例子是英国竞争网络（CN），包括了反垄断执法机构以及民航、电信、电力、燃气、铁路、道路和水务等行业的监管机构。

3. 人员交流机制

许多反垄断执法机构与行业监管机构之间建立了人员交流机制。如，反垄断执法机构员工通过公开招聘，获得另一家行业监管机构的职位。同时，还存在双向人员交流机制。在该模式下，不同执法机构可以互相交流专业特长，而且，不受编制数量和薪资待遇的影响。如英国能源监管机构（Ofgem）向反垄断机构（OFT）借调人员，美国司法部反垄断局允许员工借调至电信监管机构（FCC）等。同时，许多政府机构也存在经济类专业人才和法律类专业人才在不同政府机构之间相对自由流动的情况。

4. 联合发布监管报告

反垄断执法机构与行业监管机构联合发布某个行业的市场竞争状况报告是沟通协作的一种方式（如，法国），但在实践中较为少见。行业监管机构在市场竞争目标之外可能会考虑其他因素，有时与反垄断执法机构的目标并不一致。在某些国家，联合发布监管报告行为缺乏足够的法律依据和法律授权。在实践中，不同国家的反垄断执法机构联合发布监管报告更为常见。

（三）并行执法监管模式

并行执法监管模式，反垄断执法机构不仅负责竞争执法，而且，授权行业监管机构进行竞争执法。全世界只有英国建立了正式法律制度运行并行监管模式，而奥地利、比利时和法国在某种程度上也非正式地执行这一机制。近年来，在金砖国家中，如，俄罗斯和南非，也有将竞争执法职能渗透到行业监管中的趋势。

1. 英国反垄断监管与行业监管并行执法监管模式

1998 年，英国出台的《英国竞争法》（Britsh Competition Act），授权行业监管机构对被监管行业的垄断协议和滥用市场支配地位行为实施调查并采取行动。2002 年，英国出台的《英国企业法》 （British Company Law），授权行业监管机构在反垄断执法机构[1]第二阶段调查前开展市场研究。英国并行监管的行业监管机构，包括电信、广播与邮政、电力与燃气、铁路与水务等基础设施行业监管机构。此外，民航监管局在空中交通和机场运营方面拥有并行监管权力，金融行业监管局自 2015 年 4 月起拥有并行监管权。英国的北爱尔兰地区公用事业监管局在监管燃气行业、电力行业和水务行业时，也拥有并行监管权。[2]在并行监管模式下，行业监管机构和反垄断执法机构都可对行业监管机构监管的行业内发生的反竞争行为进行反垄断执法。这种事后反垄断执法，可作为行业监管机构事前监管的有效补充。

---

[1] 英国反垄断执法机构经历过数次调整。1973 年，英国分别成立垄断与兼并委员会（Monopolies and Mergers Commission，MMC）和公平贸易办公室（Office of Fair Trading，OFT）负责反垄断与市场公平交易执法。1999 年，MMC 更名为竞争事务委员会（Competition Commission，CC）。2014 年，CC 与 OFT 合并成立竞争和市场监管机构（Competition and Market Authoriy，CMA）。如无特殊说明，下文将三个机构统称为英国反垄断执法机构。

[2] 英国中央政府层面的监管机构管辖范围，仅包括英格兰地区、苏格兰地区和威尔士地区，并不包括北爱尔兰地区。

2. 金砖国家反垄断与行业监管协调模式

（1）俄罗斯联邦政府反垄断与行业监管协调模式

2004 年，俄罗斯联邦政府出台的《关于批准联邦反垄断局的规章》，要求俄罗斯联邦政府反垄断局履行反垄断相关职能。2006 年出台的《俄罗斯联邦保护竞争法》（Protection of Competition Law in Russian Federation）规定，反垄断执法机构需要与其他行业监管机构加强监管合作。[1] 近年来，俄罗斯联邦政府还将行业监管机构的职能转移到反垄断执法机构。因此，俄罗斯联邦政府反垄断执法机构除了反垄断执法外，还对供热、管道石油产品运输、供水以及污水处理等行业拥有价格监管权。其监管目标包括，维护消费者权益、推动自然垄断行业的市场化改革、确保合理的竞争性市场价格等。

（2）南非反垄断与行业监管协调模式

南非竞争委员会是南非反垄断执法机构，主要职能包括调查限制竞争行为、滥用市场支配地位以及兼并，主要目标是促进、保持市场竞争。《南非竞争法》（South African Competition Act）第 21 条规定，竞争委员会有权对立法和监管政策进行评估，竞争委员会负责与任何行业监管机构针对市场竞争事务协调执法达成协议。[2] 目前，南非竞争委员会已与 14 个行业监管机构达成谅解备忘录，协调所监管行业的执法行为和信息交换行为。自 2000 年起，南非独立通信管理局（ICASA）开始负责监管电信行业、广播行业和邮政行业，负责向电信服务提供商和广播服务提供商发放牌照、监管行业法律法规的执行、管理电信频谱，目标是在行业内建立充分竞争市场，保护消费者免受垄断高价伤害。2005 年，南非出台的电信法规定了独立通信管理局与竞争委员会对电信行业、广播行业与邮政行业行使并行监管的职能。

---

① 资料来源：https：//www.consultant.ru/document/cons_doc_LAW_61763/。
② 资料来源：https：//www.gov.za/documents/competition-act。

三、基础设施行业监管与反垄断监管关系现状

基础设施具有垄断与竞争并存的动态化特征和阶段性特征，《中华人民共和国反垄断法》在该领域的有效适用，需要实现垄断与竞争的合理组合。因此，协调行业监管与反垄断监管之间的关系尤为重要。目前，中国基础设施的行业监管与反垄断监管协调，存在法律交叉竞合、监管目标差异以及监管信息不对称等突出问题。

（一）法律交叉竞合消解了维护竞争机制的法律功能

总体来看，基础设施行业改革先行的特点，使得其立法严重滞后于市场化改革进程，相关倡导竞争、维护竞争的条款表述模糊或者责任不清。例如，《中华人民共和国电力监管条例》第十四条规定，电力监管机构按照国家有关规定，对发电企业在各电力市场中所占份额的比例实施监管，意在防止单个发电企业在电力市场中占有支配地位而滥用垄断势力。然而，相关做法可能构成《中华人民共和国反垄断法》明确禁止的分割市场或者滥用行政权力排除、限制竞争行为，存在对市场结构不当干预的风险。

（二）监管目标差异阻碍形成行业监管与反垄断监管合力

行业监管与反垄断监管最终都有利于促进产业发展和经济增长，其中，反垄断监管的目标是维护公平竞争的市场环境，发挥市场在资源配置中的决定性作用；基础设施行业监管的目标是适度引入竞争，同时，追求质量、安全等多种政策目标。监管目标的差异，易于导致监管原则的分歧。例如，在多起城市燃气公司滥用市场支配地位限定燃气管道工程承接单位的案例中，行业监管机构认为，由第三方承建安全性得不到保证，由燃气公司关联企业承建在后期维护中更为便捷、效率更高。反垄断监管机构则认为，安全和效率应当通过明确技术标准、强化行业监管实现，不应以压制竞争的方式替代安全监管。

（三）信息与数据共享缺位降低竞争监管的执法效能

行业监管部门掌握大量行业运行情况的数据，当发现反竞争效应时，缺乏向反垄断监管部门及时共享信息的有效机制。而行业监管法律法规与职能配置难以对反竞争效应进行评估和有效执法，加大了及时遏制行业反竞争效应的难度。同时，行业监管部门出于数据保密、部门利益的考虑以及多年来形成的数据共享难问题，在反垄断监管执法过程中，反垄断监管部门难以从行业监管部门获取有价值的企业微观数据，给界定相关市场支配地位、判定市场支配地位以及测算福利损失带来诸多困难。为提高反垄断监管执法效能，需要更好地发挥数据价值，实现行业监管部门数据的有效共享。

四、基础设施行业监管与反垄断监管协调机制

基础设施行业监管机构掌握丰富的行业技术信息，反垄断监管机构则具有独立性较强的优势。在基础设施行业的市场结构由完全垄断转向竞争的过渡过程中，行业监管和反垄断监管优势互补，使其具有明显的相互依存性，应进一步完善行业监管与反垄断监管的有效协调模式，充分发挥两类监管机构的监管优势，深化并放大基础设施市场化改革的成果。

（一）强化政策协同，增强市场化改革总体效应

联合开展市场竞争状况评估，对基础设施行业改革的重要环节、重点工作、方式方法进行定期沟通，增强政策协调对接力度。鼓励实施竞争友好型基础设施的行业监管政策，强化竞争政策在基础设施领域的基础地位，在市场准入环节、价格机制等领域坚持竞争中性原则，加速推进主辅业务分拆、竞争性业务和垄断性业务分离，促进形成基础设施有效竞争的市场结构。具体有以下两点。

一是清晰划定反垄断监管政策范围和行业监管政策范围并有效协

作。反垄断监管政策的重点领域，是滥用市场支配地位和反行政性垄断，主要包括附加不合理条件、纵向垄断协议、横向垄断协议、搭售、滥用行政权力排除、限制竞争行为等滥用市场支配地位的行为。行业监管政策要以发挥反垄断监管政策的基础性作用为前提，在特许经营或基础设施 PPP 项目、定价机制与调价机制、竞争性业务领域、生产经营等领域，秉持产权中性、国别中性、地域中性等竞争中性原则，尽快完成主要业务和辅助性业务分拆、竞争性业务和垄断性业务分离。

二是鼓励实施竞争友好型监管政策并与反垄断监管政策有机融合。竞争友好型监管政策是指，行业监管机构在制定和实施基础设施行业监管政策时，应考虑尽量减少与反垄断监管政策的冲突，实现与反垄断监管政策的融合。基础设施行业监管部门应以实现经济高质量发展和竞争政策的基础性作用为前提，在政策实施节点、实现路径和适用范围上避免与竞争政策相冲突。即使出现了不协调的情况，也要通过有效沟通，优化调整基础设施行业监管政策，实现反垄断监管政策与行业监管政策的有机融合，共同促进经济社会的高质量发展。

（二）加强执法协同，促进形成完善的市场竞争机制

强化行业监管机构对反垄断监管机构的信息支持、技术支持，基础设施行业监管部门应积极配合反垄断执法机构调查取证，充分利用其行业信息优势与专业技术能力，为反垄断执法机构在调查取证和证据收集等方面提供支持和帮助。具体包括但不限于市场结构、市场行为、上下游产业链发展、企业分布、企业之间连带关系、企业绩效等方面的基础数据。建立基础设施公平竞争审查后评价制度，将评估结果反馈给行业监管部门，作为优化事前监管方式、确定事后监管重点的参考。围绕阶段性市场化改革重点和改革进程，加大基础设施领域的反垄断执法，切实维护基础设施公平竞争的市场环境。反垄断监管机构应将基础设施领域反垄断情况及时反馈给行业监管机构。反垄断监管机构应定期就其发现的基础设施领域的垄断行为，向国家和各省（区、市）所在地基础设施领域的行业监管机构及时反馈，通过信息共享合作机制，实现基础设

施领域的行业监管机构与反垄断监管机构之间的有效协调。

(三) 优化路径协同，提升政府监管效能

推动基础设施行业监管机构与反垄断监管机构之间的信息互通共享，建立不同层级机构间的信息定期共享机制，减少信息不对称。基础设施行业监管机构应将基础设施的系统数据，按照不同层次、不同用途，分批与反垄断监管机构共享。同时，行业监管机构应将行业发展状况的研究成果提供给反垄断监管机构。建立基础设施领域产业政策公平竞争审查会商机制，强化对相关政策潜在竞争影响的联合评估，及时化解产业政策与公平竞争政策的冲突，深化产业政策出台前的反垄断机构征求意见机制。基础设施行业监管机构在扶植性产业政策出台、实施前，需要大力征求反垄断执法机构的意见，确保基础设施行业的产业政策不违背《中华人民共和国反垄断法》及损害公平。

第四节　反垄断监管下基础设施 PPP 项目 高质量发展的政策设计

行业监管和反垄断监管，是推动基础设施 PPP 项目高质量发展的重要路径。在强化竞争政策基础性作用的背景下，随着基础设施行业监管的日趋成熟，将由行业监管转向反垄断监管。因此，需要完善基础设施反垄断监管法规制度，创新基础设施反垄断执法监管机制，强化基础设施行政垄断的反垄断监管，健全基础设施公平竞争审查机制，建立基础设施反垄断执法评估制度，为推动基础设施 PPP 项目高质量发展提供制度保障。

一、完善基础设施反垄断监管法规制度

完善基础设施反垄断监管法规制度，是推进基础设施 PPP 项目高质

量发展的重要基础和基本前提。结合现行中国基础设施反垄断监管法规制度，本书认为需要制定并出台《基础设施反垄断指南》，建立基础设施市场竞争状况评估制度，构建基础设施反垄断执法活动评估激励制度。

（一）制定并出台《基础设施反垄断指南》

基础设施是国民经济发展的重要行业且技术特征复杂，为更精准、有效地对基础设施实行反垄断监管，建议尽快制定并出台《基础设施反垄断指南》。具体而言：（1）明确基础设施的概念界定、范围、主要行业及其技术经济特征；（2）依据基础设施的技术经济特征，明确相关商品市场、相关地域市场的判别标准及其在垄断案件中的作用与适用性；（3）基于基础设施各个行业垄断行为的案例，进一步明确垄断协议、滥用市场支配地位、经营者集中、行政垄断四类垄断行为的具体表现形式。

（二）建立基础设施市场竞争状况年度评估制度

目前，中国基础设施市场化改革正在深入推进，相关细分行业的竞争格局随着改革进程的深化而不断发生变化，竞争生态和竞争行为均可能呈现新的特点。为动态掌握基础设施各领域的市场竞争状况，及时调整反垄断监管重点，建议建立基础设施市场竞争状况年度评估制度。具体而言：（1）评估主体，通过招投标等竞争性方式选择专业第三方对基础设施市场竞争状况开展年度评估；（2）评估内容，重点对基础设施中各相关市场的企业数量、市场份额、市场结构以及垄断行为等进行评估；（3）评估周期，每年对不同基础设施的竞争性环节、垄断性环节进行市场竞争状况评估；（4）评估应用，将评估结果作为分析基础设施市场竞争状况以及开展反垄断执法的重要依据和决策参考。

（三）构建基础设施反垄断执法活动评估激励机制

当前，中国基层市场监督管理机构，尚无反垄断执法权限。在现有体制下，基层机构起着发现线索、逐级上报的功能，但案件罚款随执法机关层级而划归平级国库，发挥重要作用的基层机构却无任何激励。基层市场监管机构不愿对当地基础设施领域的相关企业开展执法，大部分原因在于执法或上报会影响当地企业经营积极性，在一定程度上阻碍经济发展。特别是对落后地区或过度依赖于基础设施相关企业发展经济的一些地方政府而言，更缺乏执法动力。此时，可以尝试由省级或国家竞争执法机关（或指定部门）定期对全国各地竞争执法活动进行评估，并适当予以财政转移支付倾斜，激励各地竞争执法机关和各地方政府勇于承受"短期性阵痛"，敢于优化营商环境，促进基础设施公平竞争与平稳发展。

二、创新基础设施反垄断执法监管机制

保障反垄断执法监管效果，成为推进基础设施 PPP 项目高质量发展的重要一环。在现实中，属地化管理体制使得在本地目标下地方性反垄断执法机构有时缺乏推进基础设施 PPP 项目反垄断执法的动力。同时，长期以来，部门职能交叉问题一直没有得到有效解决。其中，反垄断执法与行业监管之间的界限不清问题仍然存在。反垄断行政执法机构与法院司法机构冲突的解决机制尚不健全，公益诉讼制度还处于起步阶段。上述问题在一定程度上限制了基础设施反垄断执法的有效性。因此，本书认为，应优化省、市、县三级反垄断机构联动机制，明确反垄断执法与行业监管的划分与衔接，推进行政执法与民事诉讼之间的有效协调，推动基础设施行业垄断行为的公益诉讼制度。

（一）优化省（自治区、直辖市）市县（区）三级反垄断机构联动机制

2021 年 11 月 18 日，国务院反垄断局正式挂牌成立，提高了反垄断执法机构的法律位阶和独立性。与之相比，目前，在省（自治区、直辖市）市县（区）范围内，尚未在市场监督管理局的框架下设立反垄断局，难以适应高质量发展要求下优化基础设施反垄断监管的任务。

因此，建议各地市场监管部门尽快成立省（自治区、直辖市）市县（区）反垄断局，与市场监督管理部门保持相对独立性，并隶属于市场监督管理部门且比其低半个行政级别。同时，建立关于市县一级执法人员抽调执法办案机制，通过省级开展反垄断执法，打破市县级的地方保护。

（二）明确反垄断执法与行业监管的划分与衔接

在基础设施发展过程中，行业发展水平和政府监管政策具有较强的关联性。中国基础设施行业发展初期，主要通过直接投资、制定市场架构来发展行业、完善基础设施建设。而基础设施下一阶段的目标，则是在扩大市场竞争、完善资源配置，保证行业可持续发展的同时，防止垄断、保护消费者权益。政府监管应将确保行业健康运行、充分发挥市场对资源配置的决定性作用放在首位，通过专业化、精细化的监管执法，限制企业滥用市场支配地位，增强市场竞争活力。目前，基础设施在准入管理、技术规范、价格审批、竞争监管上均分属不同部门监管，各部门职责权限不清，导致在市场化改革、反垄断执法过程中出现行业保护、部门利益不一致等问题。因此，应进一步明确反垄断执法权应由市场监管部门统一、独立行使，同时，在违法认定过程中遇到的专业技术性问题可以向行业监管机构征求专业意见，行业监管机构有义务将可能构成垄断行为的线索移交反垄断执法机构。

（三）推进行政执法与民事诉讼之间的有效协调

当前，反垄断行政执法机构与司法机构之间缺乏有效的协调机制。如两者发生冲突时，企业或消费者向法院提起诉讼经常不了了之。美国以司法为主，欧盟也常有法院推翻行政决定的情况。目前，中国对行政决定书能否作为消费者诉讼索赔证据，还缺少相关法律规定，而国外的集体诉讼制度能够有效地解决上述问题。因此，应明确行政决定书可作为起诉证据，建立集体诉讼制度，制定《反垄断惩罚性赔偿机制实施意见》《反垄断消费者公益诉讼实施意见》或《反垄断国家赔偿制度实施意见》等，激发私人反垄断诉讼的积极性，通过机制设置推动实施反垄断私人诉讼，促进反垄断行政执法与民事诉讼的有效衔接。

（四）推动基础设施行业垄断行为公益诉讼制度

行业垄断监管公益诉讼制度，是推动基础设施 PPP 项目高质量发展的一项重要内容。具体而言：一是建议由最高人民检察院针对基础设施等反垄断领域，进一步加强民事检察、行政检察、公益诉讼检察等工作，有效地发挥检察机关的监督职能；二是针对基础设施领域实施垄断行为将会侵害社会公共利益的客观现实，建议检察机关加强反垄断公益诉讼专业队伍建设，明确有权提起基础设施反垄断民事公益诉讼的检察机关级别及其相关程序。

三、强化基础设施行政垄断的反垄断监管

在建设全国统一大市场、营造公平竞争的市场环境下，反行政垄断成为推进中国经济高质量发展的一项重要课题。因此，需要重视行政垄断的反垄断监管，并强化对默示型、合作型等新型行政垄断的反垄断监管。

（一）重视行政垄断的反垄断监管

在中国反垄断法律框架内，已对行政性垄断企业和其他不受反垄断法律保护的垄断企业的反垄断规则进行了区分。例如，市场监管总局发布的《禁止滥用市场支配地位行为暂行规定》第 23 条，规定了供水、供电、供气、供热、电信、有线电视、邮政、交通运输等公用事业领域经营者应当依法经营，不得滥用其市场支配地位损害消费者利益和社会公共利益。[①] 最高人民法院发布的《关于审理因垄断行为引发

---

① 国家市场监督管理总局：《禁止滥用市场支配地位行为规定》，https：//www. gov. cn/gongbao/content/2023/content_5754539. htm。

的民事纠纷案件应用法律若干问题的规定》第 9 条，降低了原告关于
行政性垄断企业市场支配地位的举证责任。① 国务院国有资产监督管理
委员会发布的《关于国有企业功能界定与分类的指导意见》中，明确
区分了公益类国有企业以及商业类国有企业，其中，对于公益类国有
企业要严格限定主要业务范围，加强主要业务管理，重点在提供公共
产品和公共服务方面做出更大贡献。

行政性垄断企业具有滥用市场支配地位的能力和动机。因此，反
垄断执法机构和法院在案件处理过程中，应将该情形考虑到案件办理
过程中，如过高定价和差别待遇等案件。在经济理论上已对行政垄断
企业滥用市场支配地位达成共识的行为，如搭售、附加不合理条件、
拒绝交易等，可以简化反竞争效应的经济学分析，适用本身违法或基
于形式的违法判断规则。② 在处理基础设施 PPP 项目的行政性垄断时，
应适当提高基础设施的举证责任，如要求基础设施 PPP 项目运作部门
证明其促进竞争的效果可以抵消其反竞争效果、没有被排除限制市场
竞争、消费者可从中获得公平利益等。

（二）强化新型行政垄断的反垄断监管

《中华人民共和国反垄断法》第五章对行政垄断监管有明确规
定，③ 在基础设施反垄断执法惩处与矫正行政垄断过程中发挥了重要作
用。但在现实中，基础设施监管机构与基础设施经营主体之间存在一
定联系，除了行业主管部门利用行政权力强迫经营主体实施特定垄断
行为造成的传统行政垄断之外，也出现了一些新型行政垄断现象。因
此，反垄断执法过程中，在惩处基础设施传统行政垄断的同时，应精

---

① 资料来源：最高人民法院，https：//www.court.gov.cn/fabu/xiangqing/3989.html。
② 通常，对反垄断违法行为的审查，有本身违法（或基于形式的违法审查）和合理推
定（或基于效果的违法审查）两种形式。本身违法和合理推定建立在对其法律效果的预设
上，即如果该种行为常常具备反竞争的动机和效果，则可根据该行为的形式直接判断其本身
反竞争性，而无须作进一步的效果审查。
③ 资料来源：https：//www.samr.gov.cn/zw/zpxxgk/fdzdgknr/fgs/art/2023/artofaeqe3a684
pc39e84d89eabfc2caa.html。

准识别和规范默示型行政垄断和合作型行政垄断等新型行政垄断。

一是对默示型行政垄断的反垄断监管。默示型行政垄断是指，行政机关的不作为行为。此类行为违反了市场自由竞争规则，在一定程度上危害了市场经济的健康有序发展，不利于基础设施的国企改革，具有不正当性。此类行为本属于《中华人民共和国反垄断法》的监管范畴，但经过行政主体默示批准或同意，难以通过反垄断途径查处。因此，应加强对默示型行政性垄断的反垄断监管。

二是对合作型行政垄断的反垄断监管。基础设施行业主管部门一般不直接要求国有企业实施行政垄断行为，可能通过其他方式产生合作型行政垄断。

综上所述，默示型行政垄断和合作型行政垄断，具有隐性行政垄断特征。因此，应将上述行政垄断纳入《中华人民共和国反垄断法》的行政垄断范围，并以"不正当性"作为行政垄断行为的构成要件或区分标准；在行政垄断行为规定中设立兜底条款，授予反垄断执法机构排除、限制竞争行为是否具有不正当性的裁量权，强化对法律、行政法规中抽象隐性行政垄断行为的监管。通过实施细则方式确立基础设施隐性行政垄断的评价准则和评价标准，为反行政垄断执法提供法律依据。

四、健全基础设施的公平竞争审查制度

具有事前审查特征的公平竞争审查制度与事后纠正特征的反垄断调查制度的有机融合，成为基础设施高质量发展的重要制度保障。因此，本书从建立基础设施公平竞争审查评估的事后评价制度和健全事前公平竞争审查与事后公平竞争执法的联动机制两个方面，提出健全基础设施公平竞争审查制度的思路。

（一）建立基础设施公平竞争审查评估的事后评价制度

2021 年修订的《公平竞争审查制度实施细则（暂行）》进一步明确了公平竞争审查机制和程序、审查标准、例外规定、第三方评估、

监督与责任追究等内容，但缺乏对基础设施等公平竞争审查评估的事后评价机制。在实践中，政府部门自行评估或第三方评估的专业性不强以及利益关系等，使得在基础设施平等准入与退出、市场监管规则、市场监管执法、地方保护和区域壁垒、招标采购等领域仍然存在违反统一市场建设的规定和做法。原因在于，目前，尚未建立对各级政府部门的公平竞争审查效果评价制度。应适时建立基础设施公平竞争审查评估的后评价制度。具体而言：一是评价主体，公开选聘熟悉基础设施技术经济特征、熟悉公平竞争审查的第三方评价机构，并建立由第三方评价机构专家与外聘基础设施行业专家组成的综合性评估团队；二是评价对象，建议将省、市、县人民政府作为基础设施行业公平竞争审查评估后评价的评价客体，推动政府部门进行有效的公平竞争审查；三是评价指标，综合考虑公平竞争审查数量、实地抽查公平竞争审查过的文件中违背公平竞争审查但未查出问题的比例、违背公平竞争审查的程度等级等指标；四是评价结果应用，将基础设施公平竞争审查评估的后评价机制结果作为评价营商环境以及政府、基础设施主管部门、市场监管部门考评等的一项参考要素。

（二）健全事前公平竞争审查与事后公平竞争执法的联动机制

公平竞争审查以监督考核为主，目前，对于废止前已经产生的排除、限制竞争效果，是否应当根据《中华人民共和国反垄断法》开展调查，仍然缺乏明确规定。因此，应将事前的公平竞争审查和事后的反行政垄断执法有机结合，明确将公平竞争审查发现的线索移交执法的标准和情形，从事前公平竞争审查和事后公平竞争执法两方面，实现基础设施反垄断的闭环监管。

五、建立基础设施反垄断执法评估制度

结合《中华人民共和国反垄断法》多元立法目标和基础设施市场

化改革进程，本书建立法律效益、社会效益、经济效益和行政绩效四个维度的基础设施反垄断执法效果评估制度，为提高基础设施反垄断执法效能提供评估思路。

（一）法律效益评估

一是评估相关市场界定是否合理。基础设施涉及多个行业，每个行业存在若干细分市场，甚至一个环节存在多个细分市场。同时，相关市场具有动态性和不确定性。因此，需要结合《国务院反垄断委员会关于相关市场界定的指南》，评估相关市场（相关商品市场、相关地域市场）界定是否合理。二是评估对垄断协议、滥用市场支配地位、经营者集中和行政垄断的垄断行为认定是否恰当，并对上述行为的影响范围、影响群体和影响程度等进行经济效应分析，进而为科学地确定处罚措施和处罚力度提供支撑。三是评估选择的处罚措施和处罚力度是否合适。具体包括垄断行为主体是否及时停止垄断行为，行政处罚以及对反垄断行为人的罚金额度是否具有威慑性和合理性。

（二）社会效益评估

一是评估某类反垄断执法案件对相似反垄断违法行为是否具有强震慑效应，定期（如，1 年、3 年或 5 年）选择基础设施领域中垄断协议、滥用市场支配地位、经营者集中和行政垄断的典型案件，通过后评估同类案件发生数量的方式，评估其对反垄断行为的震慑效应；二是在剔除正常增长因素后，评估在市场化改革过程中对基础设施反垄断的高压态势，是否促进了基础设施 PPP 项目的高质量发展，同时，通过总量指标、效率指标和质量指标三个维度，评估基础设施反垄断的扩散效应；三是委托第三方评估机构与反垄断执法机构相互配合，从《中华人民共和国反垄断法》、公平竞争审查以及行政垄断等方面设计调查问卷，通过对基础设施监管部门、基础设施企业发放问卷调研和访谈等方式，分析评估基础设施竞争倡导的培育效应。

（三）经济效益评估

一是评估反垄断执法对基础设施细分市场竞争的影响。在相关市场界定基础上，评估反垄断执法是否促进了特定基础设施细分市场的公平竞争，以及是否存在对上下游市场竞争的辐射效应；二是评估反垄断执法对基础设施细分市场和全行业运行效率的影响，例如，以反垄断执法前后 3 年的基础设施细分市场数据和全行业数据为基础，利用效率评价模型，从投入产出角度评估反垄断执法是否促进了细分市场的效率和全行业的效率；三是评估反垄断执法对基础设施细分市场的影响和对全行业上市公司价值的影响，利用事件分析法，评估反垄断执法期间具有类似反垄断行为的基础设施企业股票价值波动的影响效应。

（四）行政绩效评估

一是评估基础设施反垄断案件的行政执法效率，行政执法效率是指，面对具体基础设施 PPP 项目反竞争效应时，根据案件的难易程度，反垄断执法机构能否以最小的执法成本达到预防和查处基础设施领域反垄断违法案件的目的；二是评估基础设施反垄断执法程序是否正当，程序正当的指标主要体现在法律授权、立案侦查、调查取证、行为认定、违法查处和执法监督等执法阶段；三是评估基础设施反垄断执法透明度，执法透明度指标主要反映社会多元主体参与或监督反垄断执法的容易程度或相关信息的公开度。

第五章 数智化监管与基础设施 PPP 项目高质量发展

数智化监管是指,运用大数据、人工智能、区块链、云计算、边缘计算等数字技术推进政府监管智慧化,更好地适应政府监管效能提升和政府监管现代化的时代要求。随着数字经济的蓬勃发展,如何形成与数字化技术相适应、与现代政府监管理念相匹配的数智化监管体系,已经成为推进基础设施 PPP 项目高质量发展的重要内容。本章将从数智化监管与基础设施 PPP 项目高质量发展的理论逻辑,数字经济时代基础设施 PPP 项目政府监管的不适应表现,基础设施 PPP 项目数智化监管转型的影响因素,数智化监管下基础设施 PPP 项目高质量发展的政策设计四个方面进行研究。

第一节 数智化监管与基础设施 PPP 项目高质量发展理论逻辑

数智化监管是基于数字经济时代的特征对传统监管的整体跃迁、系统迭代的过程。国家统计局发布的《数字经济及其核心产业统计分类(2021)》中指出:"数字经济是以数据资源作为关键生产要素、以现代信息网络作为重要载体、以信息通信技术有效使用作为效率提升和经济结构优化的重要推动力的一系列经济活动。"① 本书主要从数智化监管的基本特征出发，分析其对基础设施 PPP 项目高质量发展影响的理论逻辑。其中，数据、平台、智慧是数智化监管的核心，数据是数字经济时代的基础和最显著的特征，平台是数字经济时代政府监管载体转型的关键，智慧是实现科学监管和推进政府监管现代化的重要推动力。同时，数据、平台、智慧均建立在动态理念基础上，更好地适应外界环境的变化。

一、监管数据与基础设施 PPP 项目高质量发展

数据是数字经济时代的核心资源，是与土地、劳动、资本和技术并列的五大生产要素之一，也是数字技术应用的基础。与传统经济时代相比，数字经济时代的政府监管数据极大地推动了基础设施 PPP 项目的高质量发展。具体而言：一是基础设施政府监管数据由传统线下的纸质数据，转化为依靠平台传输的电子化数据，极大地提升了基础设施 PPP 项目政府监管数据的传输速度和数据信息分析与展示的时效性；二是基础设施的数据要素与土地、劳动、资本、技术的有机融合，有助于更好地分析数据之间的逻辑关系，推动基础设施 PPP 项目的质量变革、效率变革和动力变革；三是数据收集、存储、加工与共享的数量与质量，直接决定着基础设施 PPP 项目的政府监管智慧化水平，提升政府监管效能并推动政府监管现代化；四是借助数据挖掘、机器学习和人工智能的辅助作用，以原始数据为支撑生成新的数据资源，有助于挖掘数据信息、扩展数据应用的广度和深度。

二、监管平台与基础设施 PPP 项目高质量发展

平台是数字经济的基本组织形式，是汇聚数据资源的重要载体，

① 资料来源：http：//www.stats.gov.cn/zt_18555/zthd/lhfw/2022/lh_tjjgg/202302/t20230214_1903494.html。

也是激活数据价值、优化资源配置的关键枢纽。在数字经济时代，政府与企业、政府与公众、企业与消费者、消费者之间，往往依赖数字平台进行交易或提供监管服务。相比传统的线下监管模式，基础设施政府监管平台对打破部门壁垒、重构政府权责关系以及提升政府监管效能具有重要的推动作用。具体而言：一是基础设施政府监管平台利用"规划一张图""建设一张图""设施一张图""隐患一张图""决策一张网"等系统集成式驾驶舱模式，利用多跨协同、系统集成、数据汇集等方式，打破了部门壁垒和地域分隔，实现了不同地域、不同部门、不同权属（管理）单位之间数据的全面贯通；二是基础设施政府监管平台的数据信息，能够实现数据标签化和智能可查询化。特别地，在区块链技术助力下，更有助于确定数据词条的信息源，更好地推进数据追溯和数据校核；三是基础设施政府监管平台能够提供实时监管数据，展示外界条件变化对基础设施 PPP 项目的冲击模拟，以及基础设施 PPP 项目系统评价等有效的决策信息。综上所述，通过数据与结果的平台化展示，将会更大限度地推动基础设施政府监管效能提升和基础设施 PPP 项目高质量发展。

三、数智化监管与基础设施 PPP 项目高质量发展

利用大数据、互联网、区块链、云计算和边缘计算等数字技术，通过云端、计算机、微信以及微博等载体，基于在线数据、迭代算法、实时计算、数据挖掘等技术，达到"以数据为基础、以算法为核心"的智慧化运作，实现以"整体、智慧、精准、实时、预判"为特征的基础设施 PPP 项目数智化监管，成为数字经济时代基础设施 PPP 项目政府监管智慧化转型的基本方向，其核心是坚持协同思维、依法推进、精准施策、创新方法、安全可控的基本原则，依托平台实现对基础设施 PPP 项目的全过程管理，运用信息化、智能化等技术推动基础设施管理手段、管理模式和管理理念创新。本书认为，数智化监管推动基础设施 PPP 项目高质量发展主要表现为三个特征：一是对基础设施规

划、设计、建设、运营维护和应急管理等实行全流程数智化监管,打破了人工监管的传统模式,实现政府监管决策"一键智慧送达",有助于提高政府监管效能;二是基础设施政府监管海量数据资源具有大规模、高维度特征,通过数据信息交互与人工智能运算,有助于挖掘数据规律,推动基础设施规划、设计、建设、运营维护全产业链的资源优化配置;三是建立适应外界条件变化基础上的算法自学习机制,有助于更好地适应不断变化的数字经济时代发展的要求,提高基础设施PPP 项目政府监管决策的科学性。

第二节　数字经济时代基础设施 PPP 项目政府监管不适应表现

数字经济时代基础设施 PPP 项目政府监管需要围绕数据、平台、智慧三个关键词,汇集反映基础设施 PPP 全流程的基础数据信息,搭建功能齐全、可视化、一站式、数智化的基础设施政府监管平台,形成可供数智化监管决策的算法算力机制。从实践来看,数据、平台与智慧三个维度,仍滞后于数字经济时代对基础设施 PPP 项目政府监管转型的迫切需求。具体表现为三点,缺少全面、准确的基础数据和有效的数据更新机制,缺少以功能性决定展示性的一站式政府监管数智化平台,缺少支撑全产业链智慧决策的算力算法迭代机制。

一、缺少全面、准确的基础数据和有效的数据更新机制

数据是从全产业链视角动态、全流程监管基础设施 PPP 项目的关键。其中,全面、准确、实时,是衡量数据质量的三个要素。从中国基础设施 PPP 项目的政府监管现状来看,普遍存在基础数据不全面、基础数据准确性差、数据实时更新难等问题,影响了基础设施 PPP 项目政府监管现代化和政府监管效能提升。

（一）基础设施 PPP 项目基础数据不全面

基础设施 PPP 项目基础数据应涵盖项目规划、设计、建设、运行、维护和移交等全产业链的数据信息，但基础设施政府监管部门长期以来形成的条块分割局面，难以有效地整合、分散在多部门、不同环节的基础设施 PPP 项目数据信息。为实现数据信息的有效共享、打破数据孤岛，各地纷纷成立了大数据局或类似大数据局的行政部门，但在部门职能范围内仍然存在数据收集不全、考虑保密需要只汇交部分数据的问题，导致基础设施 PPP 项目的数据信息部分缺失。其中，最重要的是，缺乏基于智慧决策的基础设施 PPP 项目数据顶层设计以及数据格式的汇交特征，限制了数据搭建和数据汇交的有效性，导致基础设施 PPP 项目数据的不全面，影响了基础设施 PPP 项目决策的智慧性。

（二）基础设施 PPP 项目基础数据准确性弱

基础设施 PPP 项目涉及地上基础设施和地下基础设施两类。相比地上基础设施数据普查，地下基础设施数据普查费用高、普查周期长、普查更新慢，使得多数城市长期处于底数不清的状态。2022 年，中华人民共和国住房和城乡建设部印发《关于加强城市地下市政基础设施建设的指导意见》，明确要求："到 2023 年底前，基本完成设施普查，地级及以上城市建立和完善综合管理信息平台；到 2025 年底前，基本实现综合管理信息平台全覆盖，城市地下市政基础设施建设协调机制更加健全、建设效率明显提高。"[①]但目前地下基础设施普查仍然较为滞后，在资金与时间约束下，难以保障普查的全面性和系统性。一些市县往往利用施工备案数据、历史普查数据作为新一轮普查数据。当实际数据与历史数据以及备案数据存在偏差时，数据普查替代模式将会降低基础数据的使用效果。同时，地上基础设施尚未建立以智慧决策为目标的数据指标和有效归集机制，导致指标不全或数据不足等问题。

（三）基础设施 PPP 项目数据更新不及时

数据更新的有效机制缺失和数据更新不及时，限制了基础设施 PPP

项目决策的智慧性。财政、住房城乡建设、城市管理、市场监管等部门拥有部分基础设施 PPP 项目的数据资源，在数据产生时间上不同数据之间存在一定的逻辑性，但缺少全流程的数据传输与汇交机制，从而导致存量数据更新的滞后性。相对于存量基础设施而言，新建基础设施数据更新不及时的问题更为突出。以地下市政基础设施为例，2014 年住房和城乡建设部等五部门发布《关于开展城市地下管线普查工作的通知》，对城市范围内的供水、排水、燃气、热力、电力、通信、广播电视、工业（不包括油气管线）等管线及其附属设施以及各类综合管廊进行普查。① 2020 年，住房和城乡建设部出台《关于加强城市地下市政基础设施建设的指导意见》，要求 2023 年底前基本完成设施普查，摸清底数，掌握存在的隐患风险点并限期消除。② 从 2014 年、2020 年两次地下市政基础设施普查文件出台来看，城市地下市政基础设施数据信息更新滞后，一些城市地下基础设施信息平台在某种程度上成为展示平台，甚至部分城市信息平台处于瘫痪状态或形同虚设，造成了数据资源的浪费，影响了政府监管效能的提升。

二、缺少以功能性决定展示性的一站式政府监管平台

功能性的基础设施一站式政府监管平台，需要满足所有基础设施一站式、垂直机构信息智慧送达一站式、横向机构之间信息联通一站式的三大特征。从中国基础设施政府监管平台的建设情况来看，尚未由行业分设平台模式转向一站式模式，垂直机构之间的政府监管平台缺乏顶层框架设计，横向机构之间的政府监管平台缺乏有效的联通机制，限制了基础设施政府监管数据的一站式展示、一站式分析和一站式决策。

---

① 中华人民共和国住房和城乡建设部等：《关于开展城市地下管线普查工作的通知》，2014 年 12 月 1 日，http：//www.gov.cn/xinwen/2015 - 01/06/content_ 2800493. htm。
② 中华人民共和国住房和城乡建设部：《关于加强城市地下市政基础设施建设的指导意见》，2020 年 12 月 30 日，http：//www.gov.cn/zhengce/zhengceku/2021 - 01/06/content_ 5577510. htm。

（一）尚未由行业分设平台模式转向一站式平台模式

在中国不断推进数字化改革和政府监管现代化过程中，系统整合推进传统分设平台模式转向一站式平台模式，已经成为推进基础设施高质量发展的必然趋势。因为基础设施涉及多个行业，不同行业有不同的政府监管部门，所以，在基础设施政府监管平台搭建过程中呈现出行业分设特征，即以行业为单元设置一系列数字化政府监管平台。如城市供水政府监管平台、城市污水处理政府监管平台、城市公共交通政府监管平台、城市垃圾处理政府监管平台、城市燃气政府监管平台等。多数省（区、市）或城市未将这些平台进行系统整合，形成一站式驾驶舱模式的基础设施政府监管平台，难以在不同基础设施之间以及基础设施与城市特征之间建立耦合关系，从而降低了不同基础设施数据的交叉决策支撑作用以及城市数据推进基础设施决策的辅助作用，弱化了基础设施数据之间的耦合关系。

（二）垂直机构之间政府监管平台缺乏顶层框架体系

中国基础设施政府监管平台设置并非一刀切推进的建设过程，而是以试点为先、有序推进形成的自下而上的主动式与强制性相结合的平台形成机制。在自下而上推进中国基础设施政府监管平台建设的过程中，不同层级部门建设的基础设施政府监管平台在总体架构和具体功能上呈现出异质性特征，有些平台甚至出现统计指标与统计口径的双重差异，给自下而上的数据归集和自上而下的智慧决策带来诸多困难。如各地方政府行业主管部门结合本地实际建设了城市供水、污水处理、垃圾处理、地下管线（或地下市政基础设施）等政府监管平台，有些上级基础设施行业主管部门的政府监管平台建设时间滞后，从而导致上下级部门政府监管平台在平台结构、指标设计以及数据归集方式等方面存在差异。因此，在推进基础设施数字化监管平台建设过程中，迫切需要加强平台整体架构与功能模块以及平台布局的整体设计。

（三）横向机构之间政府监管平台缺乏有效联通机制

如何建立横向机构之间数据流的畅通机制，实现数据安全性与应用性的有效平衡，成为数字经济时代基础设施由传统监管向智慧监管转型的关键。中国基础设施政府监管具有典型的"九龙治水"特点，由此形成了在部门职能范围内搭建平台以及在同一部门内搭建不同平台的双重特征。同时，这些平台统计指标交叉重叠、统计口径异化。如城市生活污水处理厂的监管部门大多是住建部门，而城市工业污水处理厂的监管部门是生态环境部门，在现实中，往往采用由住建部门搭建生活污水处理厂监管平台、由生态环境部门搭建工业污水处理厂监管平台的分建模式。同时，基础设施涉及多个行业，不同行业的监管职能分散在发展改革、住房城乡建设、生态环境等多个行政管理部门，在现实中，同一管辖区范围内不同的基础设施行业往往存在多套政府监管平台。此外，在一个部门内设置基础设施的政府监管平台往往呈现出分行业、分环节的特征。当前，横向监管机构之间的政府监管平台协同性不强，限制了基础设施政府监管的有效协同和政府监管效能的提升。

三、缺少支撑全产业链智慧决策的算法算力迭代机制

国务院印发《关于加强数字政府建设的指导意见》提出，大力推行智慧监管，提升市场监管能力。① 相对于传统经验监管而言，数智化监管是数据驱动下的监管结构、监管过程与监管手段的全面升级。第一，在主体结构上并非只有政府部门和被监管企业，而呈现出被监管主体的广泛性特征。因此，要建立全方位、多层次、立体化的政府监管体系，实现事前、事中、事后全链条监管；第二，在交互过程中，

---

① 国务院：《关于加强数字政府建设的指导意见》，2022 年 6 月 6 日，http：//www. gov. cn/zhengce/content/2022－06/23/content_5697299. htm? govm。

体现了业务和数据的多重协同，在传统经验监管体系中，协同表现为职能部门和社会主体等的协作，而在数智化监管体系中，数据成为监管的核心要素，所涉及的多重协同不仅体现在跨地区、跨部门、跨层级的主体间的业务协同，还涉及数据间的共享协同，改变了传统监管下的数据治理模式；第三，在监管手段上体现数智化，传统经验监管难以实现监管的精准化、全面化和经济性，数智化监管则通过对各类市场相关要素进行全过程自动智能数据传输，依托人工智能实现非现场监管、穿透式监管，有效地弥补监管短板。目前，基础设施政府监管数字化平台建设的智慧决策功能还较为薄弱，缺少全产业链思维、政府监管全内容体系且尚未建立数字化技术全方位应用为一体的政府监管数字化平台的整体架构。

（一）尚未搭建全链条人工智能决策算法

基础设施智慧监管的重点，是搭建智慧决策的算法体系。目前，基础设施政府监管数字化平台搭建还处于起步阶段，主要实现了基础数据信息的展示功能，难以达到多重数据聚合与智慧决策的目标。原因在于，对基础设施 PPP 项目政府监管功能的全面理解不足，运用数字化思维全方位推进基础设施数智化的理念，缺乏结合政府监管功能与基础数据信息搭建智慧决策的算法体系。由此可见，如何明确基础设施 PPP 项目监管什么，如何形成基础设施 PPP 项目的数智监管理念，如何搭建与数字经济时代特征和政府监管需求相适应的算法体系，三者决定了基础设施 PPP 项目政府监管的数智化水平。此外，当前基础设施 PPP 项目政府监管的算法在全产业链上呈现出断链性，核心是尚未从基础设施全产业链视角来谋划政府监管的决策机制。

（二）缺乏智能数据传输与算法迭代智慧

数据是数字经济时代最重要的原材料，基础数据信息自学习或算法迭代更新能够形成新的指标数据，有助于提升基础设施 PPP 项目政府监管的智慧化水平。目前，基础设施数据普遍由人工录入，利用互联网等实现数据爬取、数据自动传输并与数据库内数据匹配形成可供决策的新数据，还处于起步阶段。同时，现有基础设施平台缺乏利用各类数据信息对新入库数据和已在库数据进行校核的功能。此外，根据数据信息和政府决策对已有算法进行迭代升级，形成与数字经济时代相适应的智慧监管新算法，有助于推进政府监管现代化。目前，基础设施政府监管平台的算法相对简单，算法迭代升级自学习功能与自演化功能弱化，即插即用的新算法功能相对薄弱，难以适应复杂多变的外部环境和基础设施高质量发展的客观需求。因此，如何通过多种途径进行智能化数据传输，基于现有算法和数据信息对算法进行迭代升级，更好地满足基础设施政府监管的实践需求，成为实现基础设施政府监管现代化的关键。

（三）缺少与智慧监管相匹配的数据算力

算力是人工智能发展的技术保障，是支撑基础设施 PPP 项目政府监管智慧决策的关键。构建高性能算力，有助于基础设施现代化监管目标的实现。随着基础设施政府监管数字化平台的建设和发展，平台汇交数据呈几何级爆发式增长态势，对现有算力提出了新的挑战。同时，中国算力与世界先进水平存在一定差距，给基础设施政府监管平台的数据应用与智慧决策带来诸多挑战。随着全产业链、多渠道的地上基础设施的数据与地下基础设施的数据汇交，基础设施政府监管数字化平台的数据将越发呈现出海量化特征。因此，迫切需要推进算力跃迁，实现满足政府监管效能提升及与政府监管现代化下的大数据、人工智能相匹配的算力。此外，平衡地下基础设施数据的安全性与应用性，发挥算力作用，更好地推动基础设施高质量发展，成为当前亟待研究和迫切需要解决的重要课题。

第三节 基础设施 PPP 项目数智化监管转型的影响因素

数字经济时代是对传统时代的系统重塑，数据、平台、智慧有助于推动基础设施 PPP 项目数智化监管转型。从实践来看，制约基础设施 PPP 项目数智化监管转型的核心因素是思维转型，如何建立与数字经济时代相适应的整体治理思维，成为建立与数字经济时代相适应的政府监管体系的关键。同时，数据的共享质量与共享安全，直接决定着数据应用的合法性和有效性。此外，如何利用大数据、互联网、区块链、云计算等数字技术，实现数据、技术、平台的有机融合和技术与监管之间的耦合，直接决定着数字经济时代基础设施 PPP 项目政府监管的数智化。本节将从整体性治理思维、数据共享质量、数据共享安全与数据技术应用等方面，分析基础设施 PPP 项目数智化监管转型的影响因素。

一、基础设施 PPP 项目的整体性治理思维

目前，尚未建立跨领域、跨行政级别、全流程的数据化、平台化、智慧化的基础设施 PPP 项目整体性治理思维。基础设施 PPP 项目数智化监管转型的关键是理念转型，即在打破传统"三定"① 方案的基础上以部门利益为核心的部门目标决策思维，建立与数智化监管相适应的整体性治理思维。整体性治理思维，包括思维整体性和治理整体性。通过整体性治理思维，推动政府监管转型，形成与数字经济时代相适应、与基础设施 PPP 项目政府监管相匹配的数智化监管下的整体性治理思维。

（一）如何形成多主体下的整体性决策思维

整体性决策思维又称系统性决策思维，是由传统的局部思维转向全局思维，从而减少传统思维下不同部门之间、不同决策主体之间利益冲突所带来的决策偏差问题。在目标考核机制下，如何由现行的部

---

① 三定是指，定职能、定机构、定编制。资料来源：《中国共产党第十八届中央委员会第三次全体会议公报》，2013 年 11 月 12 日，https：//www.chinacourt.org/article/detail/2013/11/id/1142530.shtml。

门利益至上、"三定"方案为原则的局部思维方式，转向整体性思维方式，决定政府监管效能提升及与数字经济时代相适应的现代政府监管体系的建立。本章认为，有效地整合个人利益与部门利益，形成链条式、多中心下的部门利益协同联动式决策机制，借助于不同子模块决策之间的耦合机制，实现特定地理空间内全链条决策的最优化目标，打破单纯考虑部门利益所带来的次优决策困局或无效决策困局。

（二）如何推动传统管理思维转向整体治理思维

党的十八届三中全会明确指出，科学的宏观调控，有效的政府治理，是发挥社会主义市场经济体制优势的内在要求。① 从中国政府治理的发展现状来看，仍然存在治理成本高和治理效率低的"一高一低"问题。随着数字技术的应用，尽管"一高一低"问题有所缓解，但是，基础设施 PPP 项目仍缺乏与数字经济时代相适应的整体治理思维和整体治理能力。因此，迫切需要结合基础设施 PPP 项目的特征，高效运用数据资源和数字技术，通过算法迭代提升政府治理能力，从而推进政府监管效能提升和政府监管现代化。那么，如何借助数字化应用平台打破部门壁垒，推进整体治理思维迭代升级，成为推动基础设施 PPP 项目数智化监管转型的关键。

（三）如何实现与整体性治理相互耦合思维

整体性治理的核心，是系统整合多个政府监管部门的政府职能，并形成部门之间的整体性决策思维。同时，基于大数据资源和数字技术，建立以数智化监管为核心的整体性治理思维。目前，基础设施 PPP 项目的整体性治理思维仍然有较大的扩展空间。如何实现不同部门之间、不同地域之间、不同基础设施类别之间的有效协同和融会贯通？如何基于功能性视角、数字经济时代特征以及现代治理思维，形成智慧型、功能性、高效能的基础设施 PPP 项目整体性治理思维？已然成

---

① 《中国共产党第十八届中央委员会第三次全体会议公报》，2013 年 11 月 12 日，https://www.chinacourt.org/article/detail/2013/11/id/1142530.shtml。

为基础设施 PPP 项目数智化转型的关键。

二、基础设施 PPP 项目的数据共享质量

中国基础设施 PPP 项目数据的拥有主体呈现出典型的多部门特征，数据的产权归属、安全属性、共享平台化与共享流程、共享制度体系等，决定了基础设施 PPP 项目的数据共享空间和数据共享质量。数据共享需要以全流程动态监管为前提。其中，构建数据共享规则，是基础设施 PPP 项目数据共享的关键；搭建全流程的数据共享平台，是基础设施 PPP 项目数据共享的重要载体；建立数据共享的运行机制，是基础设施 PPP 项目数据共享的重要保障。

（一）如何构建数据共享规则体系

数据共享规则，决定着数据共享的有效性和流程性。在现实中，因为缺乏有效的数据共享规则体系，以及数据编码在存量数据与新（改扩）建项目之间存在偏差甚至矛盾，所以，产生了基础设施 PPP 项目数据更新难和数据共享难的双重困境。核心在于，基础设施 PPP 项目的数据来源具有跨部门、跨行业、跨地区的特征，不同数据信息的统计口径与统计规则呈现出差异性，给提升基础设施 PPP 项目的政府监管效能带来了诸多挑战。因此，结合基础设施 PPP 项目的典型特征，更好地发挥部门、行业和地区之间的协同治理，提升基础设施 PPP 项目数据的应用层级，实现全过程有效监管的目标，关键在于如何构建数据共享规则体系。

（二）如何搭建数据共享信息平台

平台化是数字经济时代的典型特征之一。数字化平台成为提升特定项目或某一行业基础设施 PPP 项目政府监管效能的重要工具。从中国基础设施 PPP 项目的实践来看，现有平台呈现出单行业性和单部门性等特征，缺乏从城市整体治理角度，建立提升城市治理能级的跨部

门、跨行业、跨地区的协同数字化监管平台，核心是缺乏跨层级协作、跨部门合作、跨区域协同、跨领域联动的平台顶层设计方案，为自下而上的数据归集、数据处理和算法设计带来诸多困难。现有平台难以利用政府部门的行政审批权限从全流程角度推进基础设施 PPP 数据的动态更新和有效共享，与挖掘基础设施数据信息、实现多渠道数据耦合与决策计算之间还有一定距离。因此，亟须构建与基础设施 PPP 项目发展相适应、能够实现数智化监管和数据有效共享的信息化平台。

（三）如何建立数据共享运行机制

从中国基础设施 PPP 项目的数据共享实践来看，数据共享壁垒难以打破，数据资源调度缺乏统筹管理，条块分割问题普遍存在，缺乏畅通的共享渠道，增加了数据利用与监管智慧化的难度。同时，共享数据大多具有宏观性、总量性特征，微观企业数据共享难问题普遍存在。此外，不同部门的数据，在实践中造成了数据归集的一数多源问题，原因在于，缺乏有效的数据共享运行机制。因此，应明确部门、行业、地区在基础设施 PPP 项目数据共享中的权责关系，建立数据信息共享的数据统计口径和编码规则，明确数据信息共享的部门接口、行业接口、地区接口与使用权限。共享主体、共享规则与应用方式等数据共享的运行机制，是提升数据共享质量、推进政府监管效能提升的关键。

三、基础设施 PPP 项目数据共享安全

在数字经济时代，数据的储存载体已由局域内网转向云端，防止数据信息泄密、保障数据共享安全已成为数字经济时代政府监管转型的重要内容。基础设施中的排水管网档案、供水管网档案、煤气管网档案、供热管网档案、供电工程以及地下管网档案、电信工程档案、地下通信电缆档案、铁路线路工程档案等有保密要求，为基础设施 PPP 项目的数据共享带来了挑战。因此，部门之间、管线权属单位往往以

涉密为由拒绝共享或有条件共享，不利于应用数据信息进行智慧决策。如何应用内外网提供数据信息、如何利用区块链技术保护数据、如何有效设置数据的共享权限，成为数字经济时代实现数据共享安全的关键。

（一）如何应用内外网提供数据信息

鉴于基础设施 PPP 项目相关数据信息具有涉密性，在传输过程中又存在数据被篡改或被攻击的风险，可能带来数据失真问题。此外，数据传输的结构多变、多源与关联等特点，决定了涉密数据在脱敏处理后，仍然存在隐性泄漏风险。在基础设施 PPP 项目数据共享过程中，部门之间、管线权属单位之间、区域之间为了数据安全往往采取不共享策略或弱共享策略，降低了基础设施 PPP 项目数据的应用价值。实现基础设施 PPP 项目数据使用和数据共享由失衡向再平衡转变的目标，需要探索内网与外网的"双网"并行机制。因此，如何设计基础设施 PPP 项目数据共享外网展示数据格式及规定数据开放权限，有效地规避数据涉密风险，实现数据安全与有效使用之间的平衡，直接影响基础设施 PPP 项目能否高质量推进数智化转型。

（二）如何利用区块链技术保护数据

区块链是由一个又一个区块组成的链条。每个区块保存一定信息，并按照区块产生的时间顺序连接成链条，该链条被保存在所有服务器中，当系统中的一台服务器工作时，就能保证整条区块链的安全。这些服务器（又称为节点）为区块链系统提供存储空间和算力支持。如需修改区块链信息，则须半数以上节点同意并修改所有节点中的信息，这些节点通常掌握在不同的主体手中。因此，区块链信息具有难以篡改性和多中心性。在推进基础设施 PPP 项目数据信息共享时，如何在跨部门、跨行业、跨地区的协同过程中，有效地发挥区块链技术的作用，实现各部门、各行业、各地区数据的共享安全，成为有效地解决不同共享主体不信任问题的重要路径。

（三）如何有效设置数据共享权限

数据开放共享扩大了数据的使用范围，在数据共享过程中往往需要调取数据、使用数据乃至存储数据到本地计算机，可能带来共享管理责任不明确、数据超范围共享以及扩大数据暴露面等问题，从而增加数据共享风险。数据的有效共享需要明确数据的共享权限，同时，需要有效感知风险 IP、账号、高频访问域名以及高危接口，及时追踪并有效甄别数据信息的访问量和敏感数据量，挖掘机器自学习行为、账号非法共享、多账号兼容、账号高频使用、账号非正常时间长期使用、账号使用人离职以及换岗时未办理删除手续、移交手续等潜在风险因素。在基础设施 PPP 项目数据共享过程中，需要规避访问权限的非正常设置以及设置后所隐藏的各种账号滥用风险。因此，与机构层级、权属单位、地域范围相匹配的数据信息共享权限及有效甄别机制，是影响基础设施 PPP 项目数据共享安全的重要因素。

四、基础设施 PPP 项目的数字技术应用

数字技术是利用现代计算机技术把各种信息资源的传统形式（如，图片、视频、文字、声音等）转换成计算机能够识别的二进制编码数字的技术，从而实现运算、加工、存储、传送、传播、还原等功能。基础设施 PPP 项目数智化监管的核心，是运用数字技术推进政府监管数智化，通过智慧决策提升政府监管效能及实现政府监管现代化。长期以来，基础设施数字化平台更加重视展示功能，而对数据分析功能、监管预警功能和监管预测功能重视不足。如何将数字技术应用于政府监管决策，成为基础设施 PPP 项目能否实现数智化监管转型的关键。在第四次工业革命浪潮中，以数字技术为代表的新技术以前所未有的速度和规模兴起，如何运用数字技术提升数据分析能力、提高监管预警能力、提升监管预测能力，直接决定着基础设施 PPP 项目能否实现由传统监管向数智化监管的转型。

（一）如何运用数字技术提升数据分析能力

数据是数字经济时代的关键生产要素，是与劳动、资本、土地、技术等要素有机融合的新要素资源，不断推动生产要素各领域、多维度、系统性变革。基础设施 PPP 项目拥有海量数据信息，长期以来，这些数据并未得到有效开发。在数字经济时代，运用数字技术整合基础设施 PPP 项目全流程的数据信息，实现海量数据的全口径归集，是进行数据分析的基础。因此，运用大数据技术进行统计分析与经济分析，通过算法应用与算法迭代，衍生出一系列反映基础设施规模特征、产权结构、管理模式、监管主体、运营费用等的算法并进行分析，有效地运用互动体验类、数字沙盘类、特效影院类、虚拟仿真类等形式展示数据分析结果。运用数字技术提升数据分析能力，是基础设施 PPP 项目数智化监管转型的基础功能，也是决定转型能否成功的关键。

（二）如何利用数字技术提高监管预警能力

基础设施具有典型的民生性，其所提供的产品和服务一旦发生波动或被污染，将会直接影响居民健康和生命财产安全甚至危害生态环境。基础设施安全是城市生命线的重要组成部分。基础设施提供的产品并非一般意义上的商品，而是准公共产品，其定价和调价需要考虑成本补偿性和需求方的可承受性。此外，供水质量、燃气供应平稳性、供热稳定性等，直接影响居民满意度。因此，价格、质量、供应平稳性以及安全性等是基础设施的重点监控领域，然而，缺乏有效的预警机制和预警模型，导致在现实中产生了一些安全事故、偷排污水、邻避效应等问题，给基础设施的高质量发展带来一定不确定性。在数字经济时代，如何利用基础设施 PPP 项目全过程的数据信息，通过数字化技术进行有效预警，规避基础设施 PPP 项目风险，将直接影响数字经济时代基础设施 PPP 项目的治理能力。

（三）如何利用数字技术提升监管预测能力

随着互联网、大数据、人工智能、云计算、区块链、5G、物联网等数字技术的广泛应用，如何发挥数字技术潜能、实现数字技术与政府监管耦合，形成以数据为驱动的政府监管预测能力，成为支撑数字经济时代政府监管数智化转型的关键。目前，基础设施数字化监管平台基本上实现了各行业、各领域的系统集约建设、互联互通和协同联动，但数字技术在政府监管领域应用的广度和深度仍需扩展和深化。从实践来看，数字化监管应用场景在基础设施政府监管中得到一定应用，但数字化监管应用场景与数字经济时代全领域、全环节智能化的预测目标还有一定距离。同时，一些数字化监管应用场景虽然实现了政府监管由非数字化到数字化、线下到线上的转型，但应用算法、算力技术对基础设施发展趋势预测还略显不足。因此，如何更广泛地运用数字技术，构建算法或通过算法自学习推进基础设施 PPP 项目决策的自主化和科学化，成为基础设施 PPP 项目数智化监管转型过程中迫切需要解决的重大课题。

第四节　数智化监管下基础设施 PPP 项目高质量发展政策设计

数智化监管是运用数字化思维、数字化技术、数字化能力实现传统监管思维和传统监管模式转型，是在统一大市场下推进政府监管标准化、规范化建设的系统再造过程。基础设施 PPP 项目的数智化监管需要构建"思维、载体、监督、评价"的转型框架，从而实现政府监管的系统重塑和整体跃迁。其中，政府监管思维转型是基础设施 PPP 项目数智化监管转型的基础，政府监管载体转型有助于实现由传统非平台政府监管或弱平台政府监管向数字化平台政府监管转变，政府监管转型有助于实现全流程、跨部门、跨层级、跨领域的协同监管，政府监管转型有助于实现政府监管监督的平台化、智慧化，政府监管评价转型有助于推进评价智慧化与监管现代化。

一、推进基础设施 PPP 项目政府监管的思维转型

政府监管思维转型的核心，是由靠人监管、线下监管、纸质数据、碎片化监管等传统思维转向与数字经济时代相适应的整体治理思维。整体治理思维具体包括，强化政府监管的数据思维，健全政府监管的协同思维，形成政府监管的平台思维，建立政府监管的智慧思维，开拓政府监管的动态思维。基于数字经济时代的特征，形成基础设施 PPP 项目整体治理下的数据思维、协同思维、平台思维、智慧思维和动态思维，破解传统模式、传统思维难以解决的政府监管难题，推进基础设施 PPP 项目的高质量发展。

（一）强化政府监管的数据思维

数据思维的核心是基础设施 PPP 项目的政府监管活动要以数据作为监管前提，建构用数据说话、靠数据决策、依数据执行的数据思维分析框架。应建立基础设施 PPP 项目数据动态更新机制，统筹发展与安全，满足基础设施规划、建设、运营管理和防灾减灾的需要。需要坚持深化改革，严格按照法律法规和有关规定落实基础设施监管主体、基础设施权属单位责任，以数字化改革为引领，通盘考虑地上基础设施、地下基础设施的规划、建设和管理，切实增强规划设计、施工许可、规划核实、竣工验收与道路开挖、占用绿地等审批工作的关联性，建立全流程的基础设施 PPP 项目数据信息动态更新机制。通过信息动态更新，实现基础设施 PPP 项目全流程信息数据化，并基于数据进行科学决策与有效预警，从而推进政府监管效能提升和政府监管现代化。

（二）健全政府监管的协同思维

中国政府监管部门具有典型的垂直管理与地方属地化管理并存的

特征，近年来，区域性临时监管机构模式成为第三种监管机构模式。因此，如何激发不同部门的主动性，健全以数字化为基础的党委统一领导、跨层级协作、跨部门合作、跨区域协同、跨领域联动监管的协同思维，是打破部门壁垒、有效激发部门潜能的关键。重中之重是各级政府部门要充分认识基础设施 PPP 项目高质量发展对城市生命线建设的重要性，在基础设施 PPP 项目协同监管框架下，建立多部门协同联动的工作机制，通过搭建基础设施工作专班、组建领导小组或成立专门机构等多种形式，形成横向闭环、纵向耦合的网格式政府监管机构的协同思维，打破长期以来建立在"三定"方案基础上的部门权责。

综上所述，政府监管协同思维的形成，需要围绕基础设施 PPP 项目高质量发展的总体目标，打破部门壁垒，建立以协同配合为特征的政府监管思维。

（三）形成政府监管的平台思维

基础设施 PPP 项目政府监管平台思维的核心，是由传统线下监管转向依托数字化平台的线上监管，形成全领域、全流程、跨部门数据互融共通接入大数据平台的平台思维。首先，基础设施 PPP 项目政府监管平台并非实现单一部门管理职能的子平台，而是从全局视角出发构建符合市（县、区）基础设施的总平台；其次，基础设施 PPP 项目政府监管平台不是传统意义上的展示平台，而是集合基础设施 PPP 项目全流程数据信息且具有分析、预警、预测等现代决策功能的展示与决策相统一的平台；再次，基础设施 PPP 项目政府监管平台不是维系短期展示与决策的"死"平台，而是具有实时动态更新功能与预留接口的"活"平台；最后，基础设施 PPP 项目政府监管平台不是某一政府部门的内部平台，而是多部门协同、多行业联动、多地区衔接的相互协同的系统平台。因此，应打破部门壁垒，形成部门之间有效协同，充分展示基础设施 PPP 项目的全流程信息，具有分析、预警、预测等现代决策功能的基础设施 PPP 项目政府监管的平台思维。

（四） 构建政府监管的智慧思维

推进政府监管效能提升和政府监管现代化，其核心是适应数字经济时代的发展需求，借助大数据、人工智能、云计算、边缘计算、5G 等现代数字技术，推进政府监管决策的智能化，实现政府监管的科学化，尽可能降低人为因素对政府监管决策的干扰。基础设施 PPP 项目政府监管的智慧思维，主要体现在通过算法挖掘基础设施 PPP 项目问题并在平台上展示，一键直接送达主要政府监管处置部门，通过流程智慧展示厘清部门职责及处理处置效能，同时，系统呈现基础设施 PPP 项目的数据分析、监测和预警以及计划成果和规划成果。此外，根据基础设施 PPP 项目的内外部环境变化，通过更新算法或算法自学习等方式，提高分析、预警和预测的现实性。因此，形成政府监管的智慧思维是数字经济时代推进基础设施 PPP 项目监管能级跃迁的关键，是对传统政府监管思维的迭代升级。

（五） 开拓政府监管的动态思维

静态思维和滞后思维导致政府监管供需不平衡，如何实现政府监管从不平衡向再平衡转型，已然成为数字经济时代政府监管思维转型的一项重要内容。由传统慢节奏的静态思维向数字经济时代快节奏的动态思维转变，决定政府监管能否体现时代性和现实性。目前，基础设施 PPP 项目的成本、价格、质量、运营模式以及监管手段等呈现出较大的波动性，如 2021 年以来，燃气源头价格大幅上涨，但下游居民燃气难以提价、非居民燃气价格调整滞后，给城市燃气特许经营企业带来较大的经营风险。又如，近年来，城市污水处理行业在生态环保要求下，不断提升出水水质，势必带来新的监管问题。此外，数字技术与政府监管的有效融合，将不断提升政府监管手段的技术化程度。因此，为了适应数字经济时代基础设施 PPP 项目政府监管的新要求，需要建立顺势而为的政府监管动态思维。

二、实现基础设施 PPP 项目政府监管的载体转型

基础设施 PPP 项目政府监管转型的重点之一，是由纸质媒介的碎片化数据归集与运用办公软件简易分析的传统模式，转向集数据、平台与智慧应用于一体的高效互联数字化监管平台的现代模式。其特征是，明确政府监管部门的数据归属机制、数据共享机制及数据使用机制，构建具有大数据集成功能与分析功能的综合技术平台、信息化联通共享导向的智慧政务平台、单一窗口的前端服务平台、在线办理与即时参与的参与平台和反馈平台，通过平台集成一站式驾驶舱，从而建成架构清晰、层次分明、权责明确、协同监管的"一网通办""一网统管""一网协同"的数字化政府监管平台。① 其中，明确政府监管数字化平台建设目标，是推进基础设施 PPP 项目政府监管载体转型的基础，搭建政府监管基本框架，是决定能否实现政府监管载体转型的关键，建立政府监管算法体系是影响政府监管智慧应用的重要因素。

（一）明确政府监管数字化平台建设目标

基础设施 PPP 项目政府监管数字化平台建设目标，直接影响平台的建设效果。从基础设施 PPP 项目政府监管数字化平台建设现状来看，整体性治理思维、数据准确与应用思维、经济主体的协同思维下所形成的政府监管数字化平台建设目标，直接影响基础设施 PPP 项目政府监管数字化平台的建设效果。基础设施数字化平台建设主要有四大目标，一是要实现全过程数据信息准确、实时动态更新和不同数据之间的有效甄别与精准校核；二是依托基础设施 PPP 项目政府监管数字化平台，建立不同部门、不同管线权属单位之间的动态协同与有效制衡机制；三是建立集数据展示功能、数据分析与决策功能、数据预警与

---

① 《一网通办 一网统管 一网协同！"智慧"让深圳城市生活更美好》，深圳新闻网，2022 年 5 月 3 日，https：//appatt.sznews.con/jzApp/files szxw/News/202205/03/845018.html。

预测功能为一体的一站式智慧化数字监管平台；四是形成与外界环境变化相适应的算法自学习与算法即插即用相匹配的政府监管数字化平台，推进基础设施 PPP 项目政府监管载体转型，不断提升政府监管效能。

（二）搭建政府监管数字化平台基本框架

基础设施具有多行业、多主体、多监管部门等多维特征，如何搭建基础设施 PPP 项目的政府监管数字化平台，对实现政府监管转型具有重要作用。目前，在基础设施 PPP 项目政府监管数字化平台构建过程中，呈现出典型的自下而上试点式、自主式特征，给数字经济时代政府监管部门的数据直通对接与有序应用带来诸多困难。因此，亟须搭建具有引导性的基础设施 PPP 项目政府监管的数字化平台基本框架。具体而言，一是基础设施 PPP 项目数字化监管平台应能够涵盖城市供水、污水处理、垃圾处理、管道燃气、城市供热、公共交通等基础设施行业；二是应从省（自治区、直辖市）、城市（县、区）的政府整体治理视角出发，搭建基础设施全流程监管部门接口与职能平台化处理处置的一站式平台；三是应建立基础设施 PPP 项目进入前、进入中、退出后等环节的链式监管流程；四是应构建包含进入主体、成本价格、质量等一系列数字化监管平台的功能框架；五是政府监管数字化平台要能够实现数据分析、数据预警与数据预测等现代分析功能。通过上述五个方面推进政府监管数字化平台的流程再造与智慧升级，解决平台适用性不强以及"僵尸平台"等问题。

（三）建立政府监管数字化平台算法体系

数字经济时代推进政府监管效能提升和实现政府监管现代化，核心是高效发挥算法和算力的作用。基础设施 PPP 项目政府监管数字化平台的算法体系，需要拥有数据有效汇集、项目 GIS 展示、城市 CIM 展示、数据基础分析、数据综合评价、数据监测预警等多种功能。具体而言：一是从基础设施 PPP 项目的运作流程、政府监管部门的管理流程、新（改扩）建项目的运作流程等流程视角出发，有效地优化政府部门审批、奖惩等机制，通过算法语言实现全流程数据信息的有效归集与动态更新；二是结合地理学、地图学、遥感科学和计算机科学，在脱敏或内网的情况下将基础设施 PPP 项目地理信息等运用 GIS 技术进行输入、查询、分析和显示；三是将基础设施 PPP 项目纳入城市整体视角来考虑，并在脱敏情形下搭建包含基础设施 PPP 项目的城市 CIM 模型；四是构建对汇集数据进行基础分析的算法；五是利用综合评价方法，基于算法技术，实现对基础设施 PPP 项目有效性的综合评价、排序与报告生成机制；六是基于历史数据与未来发展趋势并结合算法，实现基础设施 PPP 项目数据的监测功能与预警功能。

三、推动基础设施 PPP 项目政府监管机制转型

中国基础设施 PPP 项目的不同环节或不同领域，呈现出垂直管理和地方属地管理的双重特征。同时，在地方属地管理模式下，地方政府部门往往根据"三定方案"行使相应的管理职责，从而在基础设施 PPP 项目政府监管实践中产生了部门之间权责交叉、缺位等问题，难以适应数字经济时代和中国政府监管效能提升的客观需求。因此，迫切需要推动基础设施 PPP 项目政府监管的机制转型，形成全过程、跨部门、跨层级和跨领域的协同监管机制。

（一）建立全过程动态监管机制

基础设施 PPP 项目政府监管呈现出阶段性、碎片化和分割式特征，给政府监管效能提升和高质量发展带来诸多困难。因此，需要从过程链视角和动态视角重构基础设施 PPP 项目的政府监管机制。具体而言：一是以基础设施高质量发展为目标，打破部门壁垒，建立并优化以基础设施 PPP 项目运作流程为基础的政府监管链式体系，各监管部门按照部门职能进行监督，填补监管空白，修正监管职责重叠，做好基础设施 PPP 项目政府监管链条的"补链"和"强链"，从而形成链式畅

通的基础设施 PPP 项目的全过程监管机制；二是结合数字经济时代的动态特征，结合客观形势变化形成动态监管机制，从而保证政府监管的现实性。政府监管动态性是指，政府监管法规政策需要依据客观情况进行动态调整，比如，燃气气源价格大幅波动，需要建立非居民燃气价格与居民燃气价格的触发机制与调整机制。

（二）优化协同联动式监管机制

"三定"方案规定了基础设施 PPP 项目的政府监管部门职能，在实践中产生了政府监管部门缺位问题、错位问题和不到位问题。因此，在数字经济时代，需要优化并形成政府部门之间的协同联动式监管机制。具体而言：一是各地可结合实际，设置基础设施开发利用工作领导小组、基础设施协调机构、基础设施工作专班等机构，统筹协调基础设施规划、建设和运行维护等政府监管职能，赋予基础设施综合协调机构全生命周期的综合协调职能以及数字化应用场景的建设、管理与维护更新职能，有效协调基础设施政府监管各个环节，不断提升政府监管效能；二是建立部门之间激励性的协同联动互助机制，基础设施 PPP 项目政府监管具有跨部门的多环节特征，在参与约束和激励相容约束下，如何更好地激励政府监管部门之间的跨界监督是保障全链条政府监管有效性的关键。因此，上级政府监管主体可通过给予下级政府监管主体表扬信，以及上下级政府监管主体之间增加沟通交流频率等方式，增加上下级政府监管机构之间的黏度。

（三）规范事中监管机制和事后监管机制

中国政府在推进"放管服"改革以来，由事前审批监管逐步转向事中监管和事后监管。"双随机、一公开""督察""巡视"等事中监管机制、事后监管机制，推动了政府职能的转变。在建设服务型政府、推进政府监管效能提升和政府监管现代化的背景下，需要进一步规范事中监管机制和事后监管机制。具体而言：一是广泛运用人工智能技术，推进"双随机、一公开"制度真正实现随机化和保密化，进一步保障基础设施 PPP 项目全流程监管执法的高效性；二是从建设全国统一大市场出发，构建全国一盘棋的事中监管机制、事后监管机制，已经成为加快形成以国内大循环为主体、国内国际双循环相互促进的新发展格局的必然要求。区域分割和保护机制成为区域经济增长的重要驱动力，不公平竞争问题偶有发生。因此，迫切需要破除阻碍全国统一大市场的事中监管机制、事后监管机制，实现区域之间不同经营主体的公平监管与公正竞争。

四、助力基础设施 PPP 项目政府监管的监督转型

"谁来监督监管者"一直以来都是国际政府监管理论与政策研究的困局，中国政府通过巡视、督察等一系列改革，在一定程度上约束了政府监管者的行为。但基础设施 PPP 项目政府监管的监督方式尚未有效地结合数字技术与大数据发展，建立与数字经济相适应的现代政府监管监督的方式和手段。在数字经济时代，亟须探索并构建与之相适应的政府监管监督体系，实现政府监管监督转型，其重点是由依赖线下监督为主的传统模式，转向借助数字化手段实现对政府监管主体的全流程监督。

（一）监督主体由靠人监督转向人与机器协同监督

监督主体解决由谁来监督的问题。传统意义上存在三种监督方式，即上级监督下级、同级互动监督和第三方监督。在首轮监督下，三种监督方式下监督主体都是理性的，其偏好都是监督效能最大化。但在现实中，监督具有多轮性，因此，上述三种监督方式都将带来不同程度的监督偏倚问题。一般而言，三种方式的监督偏倚程度依次为，同级互动监督最强、上级监督下级次之、第三方监督最弱。但在现实中，竞争不充分及激励性弱等导致难以甄选适宜的第三方并实现第三方监督目标与收益目标的均衡。在国家鼓励第三方参与政府购买公共服务的过程中，如何规避第三方偏好所带来的监督偏倚成为亟待破解的现

实难题。基于此，在数字经济时代，要运用数字化、平台化、智慧化和动态性的数字经济时代特征，充分发挥数字技术的算法监督作用，通过算法编程与算法自学习，监督下级政府部门和被监管企业执行法律法规和政策文件，平衡效率与公平之间的关系，由靠人监督转向依靠算法等机器学习工具实时自动监督下级监管部门和被监管企业的行为，从而实现人与机器的监督互动。

（二）监督方式由线下监督转向线下线上互融监督

在数字经济时代基础设施 PPP 项目政府监督方式转型的重点是由线下监督转向线下线上互融监督，最终转向线上监督为主。具体而言：一是由被动获取数据模式向依赖互联网平台主动挖掘数据模式转型。通过数字技术获取互联网数据信息，围绕线索发现与管理、研判与分析、辅助与决策等功能，形成以数据挖掘为中心的新型数据获取与生成机制。推进网络数据与部门上报数据融合机制，确保不同来源数据的兼容性和匹配性，为政府监管监督方式转型提供数据支持。二是借助数字平台重塑政府监管监督流程，构建政府、企业和个人多方参与、协同共治的新型政府监管监督方式。建立全流程数据可视化、智慧运算与分析功能的基础设施 PPP 项目政府监管平台，并为上级政府、纪委、监察等部门设置差异化的平台资源利用权限。该平台按模块汇集规划、设计、运行维护、应急管理、预警等全流程的数据信息，拥有供需决策监督算法、应急管理与处理处置及时高效的决策监督、多部门协同监管履职渎职监督、部门政府监管有效性监督评价等功能。通过监督结果可视化、临界值预警与超限值报警等功能，实现对政府监管部门履职尽责情况的有效监督。

（三）监督内容由效果监督转向效果安全互促监督

计划是中国推进基础设施 PPP 项目高速发展的重要方式，监督基础设施 PPP 项目计划完成情况是政府监管的重要内容。其中，重点关注基础设施 PPP 项目产品质量或服务质量、用户普及率、用户参与度等效果指标的完成情况。中国基础设施实现了快速发展,强化基础设施 PPP 项目的运营和维护,保障基础设施运行安全成为当前亟待解决的重要课题。因此,安全监管履职成为政府监管监督的重要内容。具体而言:一是强化基础设施安全监管的履职监督,并将基础设施安全事故作为官员履职尽职能力的重要衡量指标,甚至对基础设施安全监管监督不力的官员行使一票否决权;二是运用数字化技术推进政府监管监督方式转型升级,运用传感器、红外探头、管道闭路电视检测等现代技术,推动传统政府监管监督技术升级;三是形成效果监督与安全监督共促的政府监管监督格局,在保证基础设施安全的基础上推进基础设施高质量发展。

五、推进基础设施 PPP 项目政府监管评价转型

为提升政府监管效能并推进政府监管现代化,政府部门需要通过政府监管评价推动基础设施 PPP 项目的高质量发展。其中,基础设施 PPP 项目政府监管评价转型的核心,是评价载体和评价方式的转型,即由政府或第三方评价为主的传统模式转向依托基础设施 PPP 项目平台实现智慧评价,由结果导向型评价转向"数字+监管"的过程监测评价与结果综合评价,不间断地推进政府监管政策评价。

(一)推动政府监管评价载体转型

长期以来,上级政府监管部门评价下级政府监管部门、同级政府监管部门互评或第三方评价,是基础设施 PPP 项目政府监管评价的三种方式。在信息不对称或交易费用较高的情况下,自报数据是政府监管评价数据的重要来源,由此形成政府监管评价的粗放性、非独立性和被动性,这给科学评价基础设施 PPP 项目政府监管有效性、推动政府监管高质量发展增加了难度。因此,在数字经济时代,应依托基础设施 PPP 项目数字化监管平台,借助于大数据、人工智能等数字技术,利用算法设计政府监管评价模型,通过自主式获取、程序化方式整合

平台数据信息，有效评价基础设施 PPP 项目和基础设施 PPP 项目监管者（行业管理部门），从而实现基础设施 PPP 项目政府监管评价的智慧化、主动性和科学性。

（二）建立过程和结果双评价机制

结果导向型评价机制在推进基础设施 PPP 项目快速发展过程中发挥了重要作用。在数字政府评价过程中，存在对社会治理、市场监管、城市治理等评价较少，对数字项目应用成效评价不足且缺少对数字政府技术能力、安全保障环节的评价，评价指标的可操作性较弱等问题（中国信息通信研究院，2021）。因此，需要由结果导向的政府监管评价机制，转向过程与结果并重的评价机制。其中，高效运用数字技术推进全过程政府监管评价是重要方式。建立反映"数字＋"的政府监管思维、政府监管理念、政府监管内容、政府监管载体、政府监管机制、政府监管监督的评价指标体系，形成过程指标和结果指标，从过程链视角对政府监管的过程和结果进行综合评价，是实现基础设施 PPP 项目政府监管评价有效性的重要保障。

（三）推进政府监管政策效果评价

在基础设施 PPP 项目数据不断充实的背景下，评价政府监管政策有效性能够为政府监管政策的完善提供决策支持。具体而言：一是评估 PPP 政策有效性，如评估《市政公用事业特许经营管理办法》和《基础设施和公用事业特许经营管理办法》两项政策实施对基础设施 PPP 项目总量、成本、质量等的影响效应；二是推进基础设施调价政策评估，如居民用水用电阶梯价格和非居民用水用电阶梯价格、用水用电峰谷价格等；三是评估产权结构对基础设施 PPP 项目的影响。鼓励和引导民间资本进入基础设施领域，成为市场化改革的重要导向。因此，可以利用微观数据评价民营资本、外资等进入是否促进了基础设施的高质量发展。

综上所述,在数字时代推动基础设施 PPP 项目的高质量发展,需要建立与数据化、平台化、智慧化和动态性等时代特征相适应的政府监管体制机制。其中,通过政府监管的思维转型、载体转型、机制转型、监督转型和评价转型,建立并优化基础设施 PPP 项目的数智化监管体系,为推动基础设施 PPP 项目高质量发展提供制度保障。

第六章 结论性评述

推行政府和社会资本合作（PPP）是加快公共产品和公共服务供给侧结构性改革，化解地方政府债务风险以及推进新型城镇化建设的一项重要举措。高质量发展、供给侧结构性改革、数字经济、双碳、强化竞争政策的基础性地位，成为当前中国经济社会发展的时代热词，为中国基础设施 PPP 项目高质量发展提出新的要求。其中，如何优化基础设施 PPP 项目的投资规模与投资结构，如何缓解并解决基础设施 PPP 项目落地难问题，如何深化基础设施 PPP 项目的市场化改革，如何实现基础设施 PPP 项目监管由行业监管转向反垄断监管，如何建立基础设施 PPP 项目的数智化监管体系，已然成为推进中国基础设施 PPP 项目高质量发展的重要课题。因此，本书重点研究了五大问题，具体包括：基础设施 PPP 项目高质量发展的需求分析，财政负担对基础设施 PPP 项目落地的影响，市场化改革与基础设施 PPP 项目的高质量发展，反垄断监管与基础设施 PPP 项目的高质量发展，数智化监管与基础设施 PPP 项目的高质量发展。结论可简要总结为以下五点。

一、基础设施 PPP 项目高质量发展需要政府监管转型

高质量发展是体现新发展理念的发展，必须坚持创新、协调、绿色、开放、共享相统一。高质量发展要以持续深化供给侧结构性改革为主线，要以市场化改革为重要推进路径，要始终坚持"两个毫不动摇"。推进基础设施 PPP 项目高质量发展需要实现四大转向，即决策机

制和监管机制由粗放转向精准，基础设施建设与运营维护由"重地上、轻地下"转向"地上、地下"有机协调，基础设施由重建设转向全生命周期监管，基础设施监管由行业监管转向强化竞争政策的基础性地位。实现基础设施 PPP 项目高质量发展需要充分利用基础设施 PPP 项目运营主体的有效投资，推进基础设施 PPP 项目落地，规范基础设施 PPP 项目协议，重构基础设施 PPP 项目的政府监管体制机制。同时，推动基础设施 PPP 项目高质量发展的政府监管思路将实现两个转型，即由准入监管、价格监管、投资监管与退出监管的传统监管转向强化竞争政策基础性地位的反垄断监管，由低数据化、弱平台化、少智慧化的传统政府监管模式转向数据化、平台化、智慧化的数智化监管。

二、基础设施 PPP 项目落地需要规避财政负担束缚

在基础设施 PPP 项目推进过程中，一些地方政府片面追求 PPP 项目推行规模和数量，出现了主体错配、项目错配、目标错配、期限错配及征信错配等错配现象，从而带来基础设施 PPP 项目的落地难问题。地方政府财政负担越重越难吸引社会资本进入，从而导致基础设施 PPP 项目竞争不足。政府付费型基础设施 PPP 项目占比过高将进一步加大地方政府的财政负担，从而增加基础设施 PPP 项目的落地难风险。财政负担抑制了中国西部地区基础设施 PPP 项目的落地，但对东部地区和中部地区的影响并不显著。基础设施发展水平越低地区的财政负担越重，基础设施 PPP 项目的落地率越低。距离专业化咨询机构越远的地区，其提高专业化咨询机构的服务水平越能够降低基础设施 PPP 项目的落地难风险。因此，从财政负担视角推动基础设施 PPP 项目落地，需要构建与财政能力相适应的基础设施 PPP 项目推进机制，形成与存量水平相匹配的基础设施 PPP 项目增量机制，建立专业咨询机构全流程参与的基础设施 PPP 项目机制。

三、基础设施 PPP 项目高质量发展需深化市场化改革

推进基础设施 PPP 项目高质量发展，需要营造公平竞争的市场环境，不断扩大基础设施市场化改革的广度和深度，推进基础设施市场化改革质量的提升。因此，需要平衡产业政策和竞争政策之间的关系，强化竞争政策的基础性地位，深化业务拆分重组改革，推进基础设施价格市场化改革，推动基础设施数字化监管改革。同时，需要结合行业特征，分类设计基础设施 PPP 项目的市场化改革路径。其中，城市供水行业市场化改革，需要推进智慧供水改革，重构并形成以竞争政策为基础的行业高质量发展政策，建立质量和节约双导向的城市供水价格动态调整机制。城市污水处理行业市场化改革，需要强化准入阶段竞争，优化特许经营协议，加强反垄断监管。管道燃气行业市场化改革，需要健全燃气价格调整机制、优化燃气设施安全保障机制、提高城市燃气企业全产业链效率。集中供热行业市场化改革，需要加强对煤炭价格资本炒作的监管，强化反垄断监管，搭建节能降耗机制沙盒。轨道交通行业市场化改革，需要发展 TOD 模式，打造智能化系统，强化反垄断监管。

四、基础设施 PPP 项目的政府监管方向是反垄断监管

反垄断监管，是中国基础设施 PPP 项目监管改革的重要方向。基础设施 PPP 项目反垄断监管的重点，是将网络型环节市场势力传导到竞争性环节，以及行业主管部门或行业监管机构滥用行政权力行使行政垄断行为。中国基础设施反垄断执法案例主要集中在供水、燃气、电信、电力等领域，集中供热、城市轨道交通、铁路、民航运输以及邮政等领域的反垄断案件相对较少。欧美等发达国家和俄罗斯、南非均形成一体化监管、沟通协作监管和并行执法监管的行业监管与反垄断监管协调方式。目前，中国基础设施行业监管与反垄断监管之间的

协调存在法律交叉竞合、监管目标差异、监管信息不对称等突出问题。因此，需要强化政策协同，增强市场化改革的总体效应；加强执法协同，促进形成完善的市场竞争机制；优化路径协同，提升政府的监管效能。此外，需要完善基础设施反垄断监管法规制度，创新基础设施反垄断执法监管机制，强化基础设施行政垄断的反垄断监管，健全基础设施公平竞争审查机制，建立基础设施反垄断执法评估制度，为基础设施 PPP 项目高质量发展提供反垄断监管制度保障。

五、基础设施 PPP 项目高质量发展需要数智化监管助力

数智化监管是基于数字经济时代特征对传统监管的整体跃迁、系统迭代的过程。数据、平台和智慧，是数智化监管的核心。其中，数据是数字经济时代的基础和显著特征，平台是政府监管载体转型的关键，智慧是科学监管和推进政府监管现代化的重要推动力。数据、平台和智慧，需要体现现实性。在实践中，数据、平台和智慧三个维度，仍滞后于数字经济时代对基础设施 PPP 项目政府监管转型的需求。具体问题包括，缺少全面、准确的基础数据和有效的数据更新机制，缺少以功能性决定展示性的一站式政府监管数智化平台，缺少支撑全产业链智慧决策的算法算力迭代机制。如何利用大数据、互联网、区块链和云计算等数字技术，实现数据、技术和平台耦合，建立整体治理思维，提升数据共享质量，保障数据共享安全，深化数字技术应用，成为基础设施 PPP 项目数智化监管转型的重要因素。因此，需要推进基础设施 PPP 项目政府监管的思维转型，实现基础设施 PPP 项目政府监管的载体转型，推动基础设施 PPP 项目政府监管的机制转型，助力基础设施 PPP 项目政府监管的监督转型，推进基础设施 PPP 项目政府监管的评价转型。

参 考 文 献

[1] 陈思霞，卢盛峰．分权增加了民生性财政支出吗？——来自中国"省直管县"的自然实验［J］．经济学（季刊），2014（4）：1261－1282.

[2] 陈晓红，李杨扬，宋丽洁，汪阳洁．数字经济理论体系与研究展望［J］．管理世界，2022（2）：208－224.

[3] 戴亦一，潘越，刘思超．反垄断法如何兼容产业政策——适用除外与适用豁免制度的政策协调机制分析［J］．学术论坛，2010（3）：145－151.

[4] 丁国峰．论我国成品油市场之反垄断法规制——从竞争政策与产业政策的关系协调展开［J］．财经问题研究，2020（2）：150－155.

[5] 傅勇，张晏．中国式分权与财政支出结构偏向：为增长而竞争的代价［J］．管理世界，2007（3）：4－12＋22.

[6] 葛扬，岑树田．中国基础设施超常规发展的土地支持研究［J］．经济研究，2017（2）：35－51.

[7] 龚锋，卢洪友．公共支出结构、偏好匹配与财政分权［J］．管理世界，2009（1）：10－21.

[8] 郭克莎．简政放权改革中的政府监管改革［J］．经济学动态，2017（6）：4－12.

[9] 贾俊雪，郭庆旺，宁静．财政分权、政府治理结构与县级财政解困［J］．管理世界，2011（1）：30－39.

[10] 江飞涛，李晓萍．改革开放四十年中国产业政策演进与发展——兼论中国产业政策体系的转型［J］．管理世界，2018（10）：73－85.

[11] 江小涓，黄颖轩．数字时代的市场秩序、市场监管与平台治

理［J］．经济研究，2021（12）：20－41．

［12］李怀．基于规模经济和网络经济效益的自然垄断理论创新——辅以中国自然垄断产业的经验检验［J］．管理世界，2004（4）：61－81，156．

［13］李学乐，吴健，褚昭华．PPP项目落地水平的影响因素研究——基于区域发展成熟度与政府信誉的对比分析［J］．金融与经济，2017（9）：56－63．

［14］李一花，李齐云．县级财政分权指标构建与"省直管县"财政改革影响测度［J］．经济社会体制比较，2014（6）：148－159．

［15］刘戒骄．我国公用事业运营和监管改革研究［J］．中国工业经济，2006（9）：46－52．

［16］孟雁北．管制行业反垄断执法问题研究［M］．北京：法律出版社，2020．

［17］孟雁北．我国反垄断执法机构与政府产业规制部门的关系［J］．中国人民大学学报，2015（2）：122－130．

［18］裴长洪，倪江飞，李越．数字经济的政治经济学分析［J］．财贸经济，2018（9）：5－22．

［19］戚聿东，李颖．新经济与规制改革［J］．中国工业经济，2018（3）：5－23．

［20］戚聿东．我国自然垄断产业分拆式改革的误区分析及其出路［J］．管理世界，2002（2）：74－80，94－154．

［21］钱家骏，毛立本．要重视国民经济基础结构的研究和改善［J］．经济管理，1981（4）：12－15．

［22］孙秀林，周飞舟．土地财政与分税制：一个实证解释［J］．中国社会科学，2013（4）：40－59，205．

［23］汤玉刚，陈强．分权、土地财政与城市基础设施供给［J］．经济社会体制比较，2012（6）：98－110．

［24］唐要家．数字经济赋能高质量增长的机理与政府政策重点［J］．社会科学战线，2020（10）：61－67．

［25］王俊豪．中国特色政府监管理论体系：需求分析、构建导向与整体框架［J］．管理世界，2021（2）：148－164，184．

［26］王岭，闫东艺，周立宏．财政负担导致基础设施 PPP 项目"落地难"吗？——基于城市面板数据的实证分析［J］．财经论丛，2019（8）：104－112．

［27］王岭．城市公用事业特许经营权竞标机制分类设计与管制政策研究［M］．北京：中国社会科学出版社，2017．

［28］王岭．城市水务 PPP 项目特许经营权的竞标难题、形成机理与治理机制［J］．浙江社会科学，2017（5）：30－35，155－156．

［29］王岭．城镇化进程中民间资本进入城市公用事业的负面效应与监管政策［J］．经济学家，2014（2）：103－104．

［30］王岭．中国城市供水行业市场化改革的绩效评价与管制政策创新研究［M］．北京：中国社会科学出版社，2018．

［31］王先林．垄断行业监管与反垄断执法之协调［J］．法学，2014（2）：111－117．

［32］魏礼群．实施有效监管是治理现代化的重要标志［N］．人民日报，2015－08－30．

［33］吴延兵．中国式分权下的偏向性投资［J］．经济研究，2017（6）：137－152．

［34］肖兴志．中国自然垄断产业规制改革模式研究［J］．中国工业经济，2002（4）：20－27．

［35］徐士英．竞争政策视野下行政性垄断行为规制路径新探［J］．华东政法大学学报，2015，18（4）：37－49．

［36］杨志勇．分税制改革中的中央和地方事权划分研究［J］．经济社会体制比较，2015（2）：21－31．

［37］尹恒，朱虹．县级财政生产性支出偏向研究［J］．中国社会科学，2011（1）：88－101．

［38］于立，杨童，冯博．《反垄断法》对国有企业的适用性及疑难问题——E-B-C 范式的构建与应用［J］．财经问题研究，2021（4）：

11－27.

［39］于良春．论自然垄断与自然垄断产业的政府规制［J］．中国工业经济，2004（2）：27－33.

［40］余晖．管制的经济理论与过程分析［J］．经济研究，1994（5）：50－54.

［41］余泳泽，杨晓章．官员任期、官员特征与经济增长目标制定——来自230个地级市的经验证据［J］．经济学动态，2017（2）：51－65.

［42］郁建兴，朱心怡，高翔．政府职能转变与市场监管治理体系构建的共同演进逻辑——基于疫苗监管治理体系及应对危机事件的案例研究［J］．管理世界，2020（2）：7－16，214.

［43］张军，高远，傅勇．中国为什么拥有了良好的基础设施？［J］．经济研究，2007（3）：4－19.

［44］张军．分权与增长：中国的故事［J］．经济学（季刊），2008（1）：21－52.

［45］张晏，龚六堂．分税制改革、财政分权与中国经济增长［J］．经济学（季刊），2005（4）：75－108.

［46］赵福军，汪海．中国PPP实践与理论研究［M］．北京：中国财政经济出版社，2015.

［47］郑子龙．政府治理与PPP项目投资：来自发展中国家面板数据的经验分析［J］．世界经济研究，2017（5）：62－77，136.

［48］周林军等．中国公用事业改革：从理论到实践［M］．北京：知识产权出版社，2009.

［49］周耀东，余晖．政府承诺缺失下的城市水务特许经营——成都、沈阳、上海等城市水务市场化案例研究［J］．管理世界，2005（8）：58－64.

［50］周正祥等．新常态下PPP模式应用存在的问题及对策［J］．中国软科学，2015（9）：82－95.

［51］朱轶，涂斌．财政分权、投资失衡与工业资本深化——基于

中国区域特征的经验研究 [J]. 宏观经济研究, 2011 (11): 28 – 36.

[52] Anirudh K. Partnerships between local governments and community-based organisations: Exploring the scope for synergy [J]. Public Administration and Development, 2003, 23 (4): 361 – 371.

[53] Armstrong M. , Sappington D. Regulation, competition and liberalization [J]. Journal of Economic Literature, 2006, 44 (2): 325 – 366.

[54] Armstrong M. , Cowan S. and Vickers J. S. Regulatory reform: Economic analysis and british experience [M]. Cambridge : The MIT Press, 1994.

[55] Asker J. , Cantillon E. Properties of scoring auctions [J]. Rand Journal of Economics, 2008, 39 (1): 69 – 85.

[56] Averch H. , Johnson L. Behavior of the firm under regulatory constraint [J]. American Economic Review, 1962, 52 (5): 1052 – 1069.

[57] Ball R. Provision of public service infrastructure—the use of PPPs in the UK and Australia [J]. International Journal of Public Sector Management, 2011, 24 (1): 5 – 22.

[58] Baumol W. J. , Panzar J. C. and Willig R. D. Contestable markets and the theory of industry structure [M]. New York : Harcourt Brace Jovanovich Press, 1982.

[59] Beam C. , Segev A. Auctions on the Internet: A field study [J]. Journal of Economic Survey, 2000, 13 (3): 227 – 286.

[60] Beesley M. E. , Littlechild S. C. The regulation of privatized monopolies in the United Kingdom [J]. Rand Journal of Economics, 1989, 20 (3): 454 – 472.

[61] Bel G. , Fageda X. Factors explaining local privatization: A meta-regression analysis [J]. Public Choice, 2009, 139 (1/2): 105 – 119.

[62] Berkowitz D. , Li W. Tax rights in transition economies: a tragedy of the commons? [J]. Journal of Public Economics, 2000, 76 (3): 369 – 397.

[63] Bing L., Akintoye A., Edwards P. J., et al. The allocation of risk in PPP/PFI construction projects in the UK [J]. International Journal of Project Management, 2005, 23 (1): 25 - 35.

[64] Boycko M., Shleifer A. and Vishny R. W. A theory of privatization [J]. Economic Journal, 1996, 106 (435): 309 - 319.

[65] Branco F. The design of multidimensional auctions [J]. The Rand Journal of Economics, 1997, 28 (1): 63 - 81.

[66] Brinkerhoff D. W., Brinkerhoff J. M. Public-private partnerships: Perspectives on purposes, publicness, and good governance [J]. Public Administration and Development, 2011, 31 (1): 2 - 14.

[67] Brochado M. R., Vassallo J. M. Federal toll road concession program in brazil: is it moving in the rght direction? [J]. Journal of Infrastructure Systems, 2014, 20 (2): 1 - 10.

[68] Bucovetsky S. Public input competition [J]. Journal of public economics, 2005, 89 (9 - 10): 1763 - 1787.

[69] Buso M., Marty F. and Tran P. T. Public-private partnerships from budget constraints: looking for debt hiding? [J]. International Journal of Industrial Organization, 2016, 51 (C): 56 - 84.

[70] Chan A. P. C., Lam P. T. I., Chan D. W. M., et al. Potential obstacles to successful implementation of Public-private partnerships in beijing and the Hong Kong special administrative region [J]. Journal of Management in Engineering, 2010, 26 (1): 30 - 40.

[71] Chao H. P. Two-stage auction and subscription pricing for awarding monopoly franchises [J]. Journal of Regulatory Economics, 2015, 47 (3): 219 - 238.

[72] Che Y. K. Design competition through multidimensional auctions [J]. The Rand Journal of Economics, 1993, 24 (4): 668 - 680.

[73] Chen B. R., Chiu Y. S. Public-private partnerships: Task interdependence and contractibility [J]. International Journal of Industrial Or-

ganization, 2010, 28 (6): 591 - 603.

[74] Chen F. R. Auctioning supply contracts [J]. Management Science, 2007, 53 (10): 1562 - 1576.

[75] Cicala S. When does regulation distort costs? Lessons from fuel procurement in US electricity generation [J]. American Economic Review, 2015, 105 (1): 411 - 444.

[76] Crew M. A. Competition and the regulation of utilities [M]. New York : Springer, 1991.

[77] Demsetz H. Why regulate utilities? [J]. The Journal of Law and Economics, 1968, 11 (1): 55 - 65.

[78] Doni N. Competition and regulation in franchise bidding [J]. Journal of Regulatory Economics, 2004, 25 (3): 223 - 242.

[79] Edelman B. , Schwarz M. Optimal auction design and equilibrium selection in sponsored search auctions [J]. American Economic Review, 2010, 100 (2): 597 - 602.

[80] Faguet J. P. Does decentralization increase government responsiveness to local needs? : Evidence from Bolivia [J]. Journal of Public Economics, 2001, 88 (4): 867 - 893.

[81] Galiani S. , Gertler P. and Schargrodsky E. Water for life: The impact of the privatization of water services on child mortality [J]. Journal of Political Economy, 2005, 113 (1): 83 - 120.

[82] Galilea P. , Medda F. Does the political and economic context influence the success of a transport project? An analysis of transport public-private partnerships [J]. Research in Transportation Economics, 2010, 30 (1): 102 - 109.

[83] Garvin M. J. Enabling development of the transportation public-private partnership market in the United States [J]. Journal of Construction Engineering and Management, 2010, 136 (4): 402 - 411.

[84] Gemmell N. , Kneller R. and Sanz I. Fiscal decentralization and

economic growth: spending versus revenue decentralization [J]. Economic Inquiry, 2013, 51 (4): 1915 – 1931.

[85] Goel R. K. , Nelson M. A. Capacity utilization in emerging economy firms: Some new insights related to the role of infrastructure and institutions [J]. The Quarterly Review of Economics and Finance, 2021, 79 (C): 97 – 106.

[86] Goldfarb A. , Tucker C. Digital economics [J]. Journal of Economic Literature, 2019, 57 (1): 3 – 43.

[87] Gomes R. Optimal auction design in two-sided markets [J]. The Rand Journal of Economics, 2014, 45 (2): 248 – 272.

[88] Graham D. A. , Marshall R. Collusive bidder behavior at single-object second price and English auctions [J]. Journal of Political Economy, 1987, 95 (6): 1217 – 1239.

[89] Guasch J. L. , Straub S. Renegotiation of infirastmcture concessions: an overview [J]. Annals of Public and Cooperative Economics, 2006, 77 (4): 479 – 493.

[90] Gujar S. , Narahari Y. Optimal multi-unit combinatorial auctions [J]. Operational Research, 2013, 13 (1): 27 – 46.

[91] Guo G. China's local political budget cycles [J]. American Journal of Political Science, 2009, 53 (3): 621 – 632.

[92] Guo X. L. , Yang H. Analysis of a build-operate-transfer scheme for road franchising [J]. International Journal of Sustainable Transportation, 2009, 3 (5): 312 – 338.

[93] Hansen R. Auctions with endogenous quantity [J]. The RAND Journal of Economics, 1988, 19 (1): 44 – 58.

[94] Harstad R. M. , Crew M. A. Franchise bidding without holdups: utility regulation with efficient pricing and choice of provider [J]. Journal of Regulatory Economics, 1999, 15 (2): 141 – 164.

[95] Hart O. Incomplete contracts and public ownership: Remarks,

and an application to public-private partnerships [J]. Economic Journal, 2003, 113 (486): 69 - 76.

[96] Hatfield J. W. Federalism, taxation, and economic growth [J]. Journal of Urban Economics, 2015, 87: 114 - 125.

[97] Hilbert M., Lopez P. The world's technological capacity to store, communicate, and compute information [J]. Science, 2011, 332 (6025): 60 - 65.

[98] Hoppe E. I., Kusterer D. J. and Schmitz P. W. Public-private partnerships versus traditional procurement: An experimental investigation [J]. Journal of Economic Behavior and Organization, 2013 (89): 145 - 166.

[99] Hwang B. G., Zhao X. B. and Gay M. J. S. Public private partnership projects in singapore: factors, critical risks and preferred risk allocation from the perspective of contractors [J]. International Journal of Project Management, 2013, 31 (3): 424 - 433.

[100] Iossa I., Martimort D. Risk allocation and the costs and benefits of public-private partnerships [J]. The RAND Journal of Economics, 2012, 43 (3): 442 - 474.

[101] Iyer K. C., Mohammed S. Hierarchical structuring of PPP risks using interpretative structural modeling [J]. Journal of Construction Engineering And Management, 2010, 136 (2): 151 - 159.

[102] Janssen M., Estevez E. Lean government and platform-based governance—Doing more with less [J]. Government Information Quarterly, 2013, 30 (1): 1 - 8.

[103] Jin J., Zou H. F. Fiscal decentralization, revenue and expenditure assignments, and growth in China [J]. Journal of Asian Economics, 2005, 16 (6): 1047 - 1064.

[104] Johnson M. S. Regulation by shaming: Deterrence effects of publicizing violations of workplace safety and health laws [J]. American Economic Review, 2020, 110 (6): 1866 - 1904.

[105] Kalagnanam J. , Parkes D. C. Auctions, bidding and exchange design [Z]. Handbook of quantitative supply chain analysis, 2010 (74): 143 – 212.

[106] Kapoor K. , Bigdeli A. Z. , Dwivedi Y. K. , et al. A socio-technical view of platform ecosystems: Systematic review and research agenda [J]. Journal of Business Research, 2021 (128): 94 – 108.

[107] Kateja A. Building Infrastructure: Private participation in emerging economies [J]. Procedia-Social and Behavioral Sciences, 2012, 37 (1): 368 – 378.

[108] Kay J. A. , Mayer C. and Thompson D. Privatization and regulation: The UK experience [M]. Oxford: Oxford University Press, 1968.

[109] Ke Y. , Wang S. Q. , Chan A. P. C. , et al. Preferred risk allocation in China's public-private partnership (PPP) projects [J]. International Journal of Project Management, 2010, 28 (5): 482 – 492.

[110] Ke Y. J. , Wang S. Q. and Chan A. P. C. Risk allocation in public-private partnership infrastructure projects: Comparative study [J]. Journal of Infrastructure Systems, 2010, 16 (4): 343 – 351.

[111] Klemperer P. Auction theory: A guide to the literature [J]. Journal of Economic Surveys, 1999, 13 (3): 227 – 286.

[112] Klemperer P. Auctions: theory and practice [M]. New Jersey : Princeton University Press, 2004.

[113] Kwak Y. H. , Chih Y. Y. and Ibbs C. W. Towards a comprehensive understanding of public private partnerships for infrastructure development [J]. California Management Review, 2009, 51 (2): 51 – 78.

[114] Laffont J. J. , Tirole J. A theory of incentives in regulation and procurement [M]. Massachusetts : The MIT Press, 1993.

[115] Laffont J. J. , Tirole J. Repeated auctions of incentive contracts, investment, and bidding parity with an application to takeovers [J]. The Rand Journal of Economics, 1988, 19 (4): 516 – 537.

［116］Li H. B. , Zhou L. A. Political turnover and economic perform-ance: the incentive role of personnel control in China ［J］. Journal of Public Economics, 2005, 89 (9 - 10): 1743 - 1762.

［117］Lin J. Y. , Liu Z. Q. Fiscal decentralization and economic growth in China ［J］. Economic Development and Cultural Change, 2000, 49 (1): 1 - 21.

［118］Long X. N. , Xu L. X. and Yang J. The government, private firms, and dual-track private sector development: China's experience in two crucial decades ［J］. Journal of Government and Economics, 2022, 6 (1): 1 - 19.

［119］Lu W. S. , Liu A. M. M. , Wang H. D. , et al. Procurement in-novation for public construction projects: A study of agent-construction sys-tem and public-private partnership in China ［J］. Engineering, Construction and Architectural Management, 2013, 20 (6): 543 - 562.

［120］Lucking-Reiley D. Vickrey auctions in practice: From nine-teenth-century philately to Twenty-First-Century E-Commerce ［J］. Journal of Economic Perspectives, 2000, 14 (3): 183 - 192.

［121］Majeed M. A. , Yan C. and Zhong H. J. Do firms manipulate earnings after winning public-private partnership bids? Evidence from China ［J］. Emerging Markets Review, 2022, 51 (4): 1 - 45.

［122］Matti S. Public-Private-Partnership networks: Exploring busi-ness-Government relationships in United Kingdom transportation projects ［J］. Economic Geography, 2011, 87 (3): 309 - 334.

［123］McAfee R. P. , McMillan J. Auctions and bidding ［J］. Journal of Economic Literature, 1987, 25 (2): 699 - 738.

［124］McAfee R. P. , McMillan J. Bidding rings ［J］. The American Economic Review, 1992, 82 (3): 579 - 599.

［125］Moss D. L. Network access, regulation and antitrust (The eco-nomics of legal relationships) ［M］. New York : Routledge Press, 2012.

[126] Mota J. , Moreira A. C. The importance of non-financial determinants on public-private partnerships in Europe [J]. International Journal of Project Management, 2015, 33 (7): 1563 – 1575.

[127] Mougeot M. , Naegelen F. Franchise bidding, regulation and investment costs [J]. Review of Economic Design, 2011, 15 (1): 37 –58.

[128] Myerson R. Optimal auction design [J]. Mathematics of Operations Research, 1981, 6 (1): 58 – 73.

[129] Newbery D. M. Privatization, restructuring and regulation of network utilities [M]. Massachusetts : The MIT Press, 1999.

[130] Nijkamp P. , Burch M. V. D. and Vindigni G. A comparative institutional evaluation of public-private partnerships in dutch urban land-use and revitalisation projects [J]. Urban Studies, 2002, 39 (10): 1865 – 1880.

[131] Nishimura T. Optimal design of scoring auctions with multidimensional quality [J]. Review of Economic Design, 2015, 19 (2): 117 – 143.

[132] Nizkorodov E. Evaluating risk allocation and project impacts of sustainability-oriented water public-private partnerships in Southern California: A comparative case analysis [J]. World Development, 2021, 140 (C): 105232.

[133] Olken B. A. Corruption and the costs of redistribution: Micro evidence from Indonesia [J]. Journal of Public Economics, 2006, 90 (4 – 5): 853 – 870.

[134] Osei-Kyei R. , Chan A. P. C. Review of studies on the Critical Success Factors for Public-Private Partnership (PPP) projects from 1990 to 2013 [J]. International Journal of Project Management, 2015, 33 (6): 1335 – 1346.

[135] Panayides P. M. , Parola F. and Lam J. S. L. The effect of institutional factors on public-private partnership success in ports [J]. Transportation Research Part A: Policy and Practice, 2015 (71): 110 – 127.

[136] Parker D. , Hartley K. Transaction costs, relational contracting

and public private partnerships: a case study of UK defence [J]. Journal of Purchasing and Supply Management, 2003, 9 (3): 97 - 108.

[137] Posner R. A. Natural monopoly and its regulation [J]. Stanford Law Review, 1969, 21 (3): 548 - 643.

[138] Posner R. A. Theories of economic regulation [J]. The Bell Journal of Economics and Management Science, 1974, 5 (2): 335 - 358.

[139] Prager R. A. Franchise bidding for natural monopoly: The case of cable television in Massachusetts [J]. Journal of Regulatory Economics, 1989, 1 (2): 115 - 131.

[140] Qiao L. , Wang S. Q. , Tiong R. L. K. , et al. Framework for critical success factors of BOT projects in China [J]. Journal of Structured Finance, 2009, 7 (1): 53 - 61.

[141] Rahman K. S. Regulating informational infrastructure: internet platforms as the new public utilities [J]. Georgetown Law Technology Review, 2018 (2): 234 - 252.

[142] Ramos J. M. Firm Dominance in Eu competition Law: The competitive process and the origins of market power (international competition law) [M]. Wolters Kluwer, 2020.

[143] Reside R. E. , Mendoza A. M. Determinants of outcomes of Public-Private Partnerships (PPP) in infrastructure in Asia [R]. Diliman: Up School of Economics Discussion Papers, 2010 (3): 1 - 50.

[144] Robinson M. S. Collusion and the choice of auction [J]. The RAND Journal of Economics, 1985, 16 (1): 141 - 145.

[145] Romzek B. , Johnston J. M. State social services contracting: Exploring the determinants of effective contract accountability [J]. Public Administration Review, 2005, 65 (4): 436 - 449.

[146] Rothkopf M. H. , Harstad R. M. Modeling competitive bidding: A critical essay [J]. Management Science, 1994, 40 (3): 364 - 384.

[147] Rostow W. W. The stages of economic growth: A non-commu-

nist manifesto [M]. New York: Cambridge University Press, 1960.

[148] Ruddy T. F. , Hilty L. M. Impact assessment and policy learning in the European Commission [J]. Environmental Impact Assessment Review, 2008, 28 (2 - 3): 90 - 105.

[149] Schaede U. Regulatory reform of public utilities: The Japanese experience by fumitoshi mizutani [J]. The Journal of Japanese Studies, 2015, 41 (2): 440 - 443.

[150] Schmidt K. M. Incomplete contract and privatization [J]. European Economics Review, 1996, 40 (3 - 5): 569 - 579.

[151] Schmidt K. M. The costs and benefits of privatization: An Incomplete contract approach [J]. The Journal of law Economics and Organization, 1996, 12 (1): 1 - 24.

[152] Schmitz P. Allocating control in agency problems with limited liability and sequential hidden actions [J]. Rand Journal of Economics, 2005, 36 (2): 318 - 336.

[153] Sharma C. Determinants of PPP in infrastructure in developing economies [J]. Transforming Government People Process and Policy, 2012, 6 (2): 149 - 166.

[154] Shelanski H. A. The case for rebalancing antitrust and regulation [J]. Michigan Law Review, 2011, 109 (5): 683 - 732.

[155] Shleifer A. A theory of yardstick competition [J]. Rand Journal of Economics, 1985, 16 (3): 319 - 327.

[156] Sinclair-Desgagne B. On the regulation of procurement bids [J]. Economics Letters, 1990, 33 (3): 229 - 232.

[157] Skietrys E. , Raipa A. and Bartkus E. V. Dimensions of the efficiency of Public-private partnership [J]. Engineering Economics, 2008, 58 (3): 45 - 50.

[158] Smet Y. D. Multi-criteria auctions without full comparability of bids [J]. European Journal of Operational Research, 2007, 177 (3): 1433 - 1452.

[159] Stark R. M. , Rothkopf M. H. Competitive bidding: A comprehensive bibliography [J]. Operations Research, 1979, 27 (2): 364 – 390.

[160] Stern J. Sectoral regulation and competition policy: The U. K. 's concurrency arrangements-an economic perspective [J]. Journal of Competition Law and Economics, 2015, 11 (4): 881 – 916.

[161] Stigler G. J. , Friedland C. What can regulators regulate? The case of electricity [J]. The Journal of Law and Economics, 1962, 5 (2): 1 – 16.

[162] Stigler G. J. The theory of economic regulation [J]. The Bell Journal of Economics and Management Science, 1971, 2 (1): 3 – 21.

[163] Tang L. Y. , Shen Q. P. and Cheng E. W. A review of studies on public private partnership projects in the construction industry [J]. International Journal of Project Management, 2010, 28 (7): 683 – 694.

[164] Tang Y. R. , Liu M. D. and Zhang B. Can public-private partnerships (PPPs) improve the environmental performance of urban sewage treatment? [J]. Journal of Environmental Management, 2021, 291 (1): 112660.

[165] Tavana M. , Nasr A. K. , Mina H. , et al. A private sustainable partner selection model for green public-private partnerships and regional economic development [J]. Socio-Economic Planning Sciences, 2022, 83 (1): 1 – 33.

[166] Thiel S. E. Multidimensional auctions [J]. Economics Letters, 1988, 28 (1): 37 – 40.

[167] Tiebout C. M. A pure theory of local expenditures [J]. Journal of Political Economy, 1956, 64 (5): 416 – 424.

[168] Tirole J. Market failures and public policy [J]. The American Economic Review, 2015, 105 (6): 1665 – 1682.

[169] Tserng H. P. , Russell J. S. , Hsu C – W. , et al. Analyzing the role of national PPP Units in promoting PPPs: Using new institutional eco-

nomics and a case study [J]. Journal of Construction Engineering and Management, 2012, 138 (2): 242 – 249.

[170] Ungern-Sternberg T. V. Quality incentives in auctions for construction contracts [J]. International Journal of Industrial Organization, 1994, 12 (1): 89 – 104.

[171] Verhoest K. , Petersen O. , Scherrer W. , et al. How do governments support the development of public private partnerships? Measuring and comparing PPP governmental support in 20 European countries [J]. Transport Reviews, 2015, 35 (2): 118 – 139.

[172] Vickers J. S. S. , Yarrow G. Privatization: An economic analysis [M]. Cambridge : The MIT Press, 1988.

[173] Viscusi W. K. , Vernon J. M. and Harrington J. E. Economics of regulation and antitrust [M]. Massachusetts : The MIT Press, 2005.

[174] Wang L. , Qi X. F. and Zhou L. H. Prospects and challenges of public-private partnership model for the development of China's infrastructure [J]. Lex localis-Journal of Local Self-Government, 2022, 20 (2): 321 – 346.

[175] Wang L. , Yan D. Y. , Xiong Y. , et al. A review of the challenges and application of public-private partnership model in Chinese garbage disposal industry [J]. Journal of Cleaner Production, 2019, 230 (1): 219 – 229.

[176] Wang L. , Zhou L. H. , Yan D. Y. , et al. Effect of promotion pressure and financial burden on investment in PPP infrastructure projects in China [J]. Asian-Pacific Economic Literature, 2019, 33 (2): 128 – 142.

[177] Williamson O. Franchising bidding for natural monopolies-in general and with respect to CATV [J]. The Bell Journal of Economics, 1976, 7 (1): 73 – 104.

[178] Wood B. D. , Waterman R. W. The dynamics of political control of the bureaucracy [J]. American Political Science Review, 1991, 85 (3): 801 – 828.

[179] World Bank. World development report 1994-Infrastructure for

development [M]. Oxford : Oxford University Press, 1994.

[180] Wu Z. G. Perspectives on the Chinese anti-monopoly law [J]. Antitrust Law Jounal, 2008, 75 (1): 73 – 116.

[181] Xiao Z. Q. , Lam J. S. L. Willingness to take contractual risk in port public-private partnerships under economic volatility: The role of institutional environment in emerging economies [J]. Transport Policy, 2019, 81 (2): 106 – 116.

[182] Yescombe E. R. Principle of project finance [M]. New York : The Academic Press, 2013.

[183] Zhang S. , Gao Y. , Feng Z. , et al. PPP application in infrastructure development in China: Institutional analysis and implications [J]. International Journal of Project Management, 2015, 33 (3): 497 – 509.

[184] Zhong L. J. , Arthur P. J. and Fu T. Public-Private partnerships in China's urban water sector [J]. Environmental Management, 2008, 41 (6): 863 – 877.

[185] Zhuravskaya E. V. Incentives to provide local public goods: fiscal federalism, Russian style [J]. Journal of Public Economics, 2000, 76 (3): 337 – 368.

后　记

　　本书是本人承担的国家自然科学基金面上项目"公用事业'伪PPP'项目量化甄别、形成机理与监管控制研究"（项目号：71773106）的研究成果。

　　2010 年 9 月，本人在博士生导师王俊豪教授的推荐下，到中华人民共和国住房和城乡建设部城镇水务管理办公室实习，七个月的实习经历让本人对中国基础设施特别是城市公用事业的市场化改革有了更为全面、深入的理解。在此期间，本人深刻认识到政府和社会资本合作（PPP）将是未来一段时间内中国基础设施市场化改革的重要发展方向，不仅是一项亟待研究的政策课题，更是在中国特色社会主义制度下亟待研究的一项重要理论课题。因此，本人决定在入职工作的前十年将基础设施、公用事业市场化改革和 PPP 项目政府监管作为研究方向，并于 2013 年和 2017 年申报并获批了国家自然科学基金青年项目和国家自然科学基金面上项目。

　　中国经济已由高速增长阶段转向高质量发展阶段，在基础设施 PPP 项目政府监管领域面临着提质增效、建设全国统一大市场、强化竞争政策基础性地位、公平竞争审查、数字经济倒逼政府监管体制转型等新形势，因此，本人结合国家自然科学基金项目的研究成果，将本书题目定为《基础设施 PPP 项目高质量发展与监管政策研究》，旨在顺应中国经济高质量发展要求，从落地高质量和市场化改革高质量两个维度，剖析推进基础设施 PPP 项目高质量发展的主要路径。同时，结合反垄断监管和数字经济时代助推政府监管转型的客观需求，研究保障基础设施 PPP 项目高质量发展的反垄断监管政策与数智化监管政策。显然,本书研究契合了中国基础设施发展的新形势与面临的新问题,提出了推进基础设施 PPP 项目高质量发展的政策体系,从而创新了基础设施行业监管理论与传统政府监管体制,也为政府部门出台推进基础设施 PPP 项目高质量发展的政府监管政策提供决策支持。

基于此,本书重点从基础设施 PPP 项目高质量发展的需求分析,财政负担对基础设施 PPP 项目落地的影响,市场化改革与基础设施 PPP 项目高质量发展,反垄断监管与基础设施 PPP 项目高质量发展,数智化监管与基础设施 PPP 项目高质量发展五章内容展开研究。在课题研究过程中,本人的博士生导师浙江财经大学王俊豪教授给予了诸多思想上和理论上的指导。中国公园协会刘佳福会长、中国城镇燃气协会刘贺明理事长、中国城镇供水排水协会章林伟会长、国家住房和城乡建设部牛璋彬副司长、浙江省住房和城乡建设厅宋炳坚总工,以及中华人民共和国住房和城乡建设部徐慧纬处长、陈玮博士、程彩霞博士和浙江省住房和城乡建设厅沙洋处长、黄明星副处长等对课题研究提供了大力支持。浙江财经大学唐要家教授、王建明教授、李云雁副研究员、王磊副研究员、邵丹娜高级工程师、徐骏博士、田家欣博士、熊艳博士、赵津津博士、金暄暄博士以及郑州航空工业管理学院刘承毅博士对本书的理论创新和部分内容撰写提供了重要的思想启发、章节撰写材料以及评论性讨论。本人指导的研究生闫东艺(现暨南大学博士生)、周立宏(现浙江大学博士后)、余丽晴(现华侨大学博士生)也参与了课题调研、资料收集与整理、案例分析以及书稿校对等工作。在此一并表示感谢!

本人在写作过程中,阅读了大量相关文献,参考和引用了学术界的重要研究成果,这些研究成果对启发思考和形成研究思路发挥了重要作用,在此向各位专家学者表示衷心的感谢!

本书的出版还得到了浙江省新型重点专业智库"中国政府监管与公共政策研究院"、浙江省 2011 协同创新中心"城市公用事业政府监管协同创新中心"和浙江财经大学科研创新团队"城市治理与政府监管创新团队"的资助。

　　本书的出版得到经济科学出版社王柳松编辑的大力支持。

王　岭

2022 年 9 月于杭州